浙江有意思

"浙江有意思"系列

总策划 王　寒

章 会 著

温州有意思

浙江工商大学出版社 · 杭州

作 者 简 介

章 会

因为一个人爱上一座城。
努力工作,认真生活,
晃晃悠悠,转瞬就是二十三年。

又因为这座城,爱上一群人。
他们活得生机勃勃,创意不断,
让人忍不住去记录、去传说。

你看,我就是这样一个随性的小女人:
有爱饮水饱,不埋怨不纠结,
每天都是崭新的!

温
州
有
意
思

1

在纪念改革开放三十周年的时候,有位温州人写了一篇文章《温州,在而立的节点上》,开头就是:温州,是一个神话!确实,如果没有这几年金融风波的冲击,吃"改革饭"长大的当代温州和财大气粗的温州人,在很多外地人的眼里,是神话一样的存在。

2

温州人似乎有些"张狂",明明不过是从东南沿海一隅走出去的,却总喜欢在"温州人"三个字前面冠以"天下""世界"的字眼。不过,你不服他不行。二百五十多万温州人闯荡天下,创造了许多个"中国第一",打造了五十多个"国字号"特色产业基地金名片,商业网联通全世界,温州店、温州街、温州村、温州城遍布中国,温州商贸城在各大洲星罗棋布。温州人敢为天下先,大概很少人会有异议。

3

距今一万年前,温州是一片汪洋大海。南岙、西岙、丽岙、小京岙……温州有众多含"岙"的地名,凡是以"岙"命名的地方几乎都是温州古海岸线所在地。

大约五千年前,温州人的祖先在瓯江、飞云江中下游,背山临水的地方定居下来,过着渔猎和原始农业相结合的生活。公元前5世纪初,越国在这里建立东瓯王国,"瓯"成了温州的简称。瓯绣、瓯塑、瓯窑、瓯瓷等都是后来瓯人的作品。

4

汉惠帝三年(前192),驺摇被册封为东海王,建都东瓯。驺摇作为第一任勤政爱民的东瓯王,改变了瓯人"断发文身"、以蛇蛙鱼蛤为食的原始生活。同时他大力发展手工业,让温州在两千多年前就成了一个手工业发达的地方。

瓯地百姓特别朴实,驺摇一心为民,大家就把他当神来供奉,希望他祛灾除厄,保佑人们生活安康。据说,温州地区有东瓯王庙十多座,东瓯王墓五处。如今,东瓯王庙位于温州市区华盖山西麓。

5

说到温州的历史,必须要提到两位文化大咖,一位是郭璞,一位是谢灵运。传说,约一千七百年前,温州欲建郡城于瓯江之岸,恰巧郭璞因母忧去职,游历温州。郭璞博学多才,以注《尔雅》《山海经》等见称。有精五行、天文、卜筮之术的大咖路过,地方父老自然要盛情款待,正好请他卜城。此公建城讲风水也求科学,他登高四顾,又对瓯江南北两岸的土壤取样比较,发现同等容器的土壤,北岸的土轻,南岸的土重,遂建议在南岸建城。他圈定温州城"山分九斗,水城阡陌"的格局,至今大部分留存。他还在城内开凿二十八口水井,象征天上星辰二十八宿,以解决城内百姓的用水问题。到现在,温州城内的老居民还会到井里汲水洗洗拖把啥的。

郭璞为温州城布局的东庙、西居、南市、北埠,到了北宋时有了重大变化。"一片繁华海上头,从来唤作小杭州",时任温州知州的北宋诗人杨蟠将温州城划为三十六坊,也用诗作记录了温州的繁荣景象。

6

温州古称永嘉,意谓"水长而美"。当下温州开展知名人士"我为温州美景代言"活动,温州山水之美的代言人除了康乐公谢灵运,谁敢比肩?温州山水自得谢灵运山水诗后始为天下知,北宋文学家苏轼有诗云:"自言长官如灵运,能使江山似永嘉。"

谢灵运自幼颖悟好学,"文章之美,江左莫逮",他自恃门第高贵,恃才傲物,曾有"天下才共一石,曹子建独得八斗,我得一斗,自古及今共用一斗"的说法。殊不料才高遭人恨,枪打出头鸟,被贬到温州这个犄角旮旯之地。文豪贬官,苦了他,美了温州。

7

谢灵运对温州的影响可谓一千六百多年来之最,他任永嘉郡守不到一年,仕途失意寄情山水,写下了许多山水诗,开启了中国山水诗的先河,温州因此被称为我国山水诗的摇篮。至今,温州与谢灵运有关的地名就有数十处,康乐坊、谢池巷、池上楼都是路人皆知,今天永嘉蓬溪等地的谢氏据说是其后裔。在康乐坊与瓦市巷之间,有一条长不过几十米,宽不过三四米的古老小巷——童子殿巷,原称竹马坊,据说谢太守每出入此坊,两旁均有儿童坐竹马相迎,故得名。

8

谢灵运生活的时代已盛行木屐,他喜欢游山玩水,为此特制了一种前后齿可装卸的木屐,上山去其前齿,下山去其后齿。足蹑"谢公屐",登山时能够顺应山势,身体平稳不摔跤,引来当时众多登山"粉丝"效仿并流传后世,以至三百多年后李白还在梦里说:"脚著谢公屐,身登青云梯。"温州是制鞋基地,有"十大真皮鞋王",这么人性化的登山鞋,为啥就没有一家企业能复制一双呢?永嘉书院的展馆里倒是有一双"木屐",不过有点像旅游纪念品——放大版的荷兰木屐。

谢灵运与谢公屐

9

　　早年温州偏僻闭塞,建郡之初来任郡守的却都是文学大家。"书圣"王羲之曾任永嘉郡太守,自唐宋以来,均有案可稽。不过,因最权威的《晋书·王羲之传》中并无记载此事,故也有学者据此提出疑问。这跟湖州一样,湖州人也说王羲之曾任吴兴太守,但是《晋书》中也无记载。

难道是这官儿还不够大,不值一提?或者贬官之事过于难堪,不便提及?

10

说到王羲之的往事,墨池公园值得走走。眼下的墨池公园是由原来的鹿城区人民政府办公场所改建而成。墨池公园在墨池坊,北宋《祥符图经》载:温州有坊五十七。后杨蟠任知州时,定为三十六坊,墨池坊即其一。相传,该地原有一个水池,每当大地春回,蝌蚪滋生,游于水中,水面时见墨点,故有墨池之称。但后来则传为:东晋王羲之曾任永嘉郡太守,常临此地作书,洗砚于此池,于是变成墨池。至北宋,米芾又大书"墨池"二字于其上。难道是因为王、米二人均为大书法家,故历代地方史志都采取此说?

11

以前温州大姑娘出嫁时有一个重要的实木嫁妆叫鹅兜,功能相当于现在的泡脚盆。鹅兜外形像鹅,底部是一对张开的翅膀抱成的盆,长长的脖子是把手,顶部是扁扁的嘴和红色的冠。据说这鹅兜也跟王羲之有关。人人皆知王太守爱鹅,水乡温州少不了鸭、鹅在水面游荡,想必在温任职期间,王太守除了在墨池洗笔,肯定没少对鹅下笔练字。

他离温后，时人为纪念他，就请木匠师傅以鹅形制成了家用器具——鹅兜。除了装热水洗脚外，小媳妇还会用手臂挽起"鹅颈"去河边，边洗衣服边吐槽，成为温州河埠头的一道独特风景。

鹅　兜

温
州
有
意
思

12

太守王羲之是出身琅琊王家的世家子弟，相传他每次出行，庭列五马，绣鞍金勒。太守羽扇纶巾，五马齐驱，缓驰于道，引来百姓围观，故有"五马坊"以纪之。《温州府志》有此记载。五马坊在清代时改名为五马街，即原南市一隅。

有着这样的文化积淀，五马街上当然得有一个与之相匹配的锻铜雕塑——五马雕塑。五匹扬蹄飞奔的巨大骏马拉着古代车帷，应是相当有重量的。让我特别吃惊的是，五马雕塑在西街口站了十来年，有一天突然被移到了五马街的中段，还一改往日坐东朝西的姿态，逆时针九十度完成转身。这么漂亮又笨重的雕塑非要像家里的花瓶一样挪来摆去，是谁的意思呢？

13

风度翩翩的王太守结束任期之后，又一位文学大家接过接力棒——东晋名士孙绰。流芳百世的王羲之所作《兰亭集序》，就是这位孙太守负责写跋并以诗抒情。兰亭盛会，高手云集，能请其作跋，想来孙绰的文才、书法定是出类拔萃。这位孙太守也是自我感觉超好的，他的《天台山赋》初成，示友人范荣期云："卿试掷地，当作金石声也。"所谓掷地有声也。

除了王羲之、孙绰、谢灵运之外，还有与谢灵运并称"颜谢"的颜延之、注释《三国志》的史学家裴松之、写下"暮春三月，江南草长，杂花生树，群莺乱飞"的南朝文学家丘迟、南宋抗金名将韩世忠之子韩彦直、明代著名书画家文徵明的父亲文林等历史上赫赫有名的文化人，他们都任过永嘉太守、温州知府（或者温州知州）。古代温州当真是"名士云集"。

14

孙绰除了是文学家，还是思想家。他在中国佛教史上首次提出"周孔即佛，佛即周孔"，首倡儒佛一致的观点。温州历史上，民间一直儒释道三家不分，以心善为上，心正为上。这个特点的根源也许与孙绰任永嘉太守有关。温州很多地方都是儒释道三教合一，最典型的莫过于永嘉大若岩陶公洞，被道家誉为"天下第十二福地"。洞分上、下两层，上层是胡公殿，供奉着胡公大帝，下层却是三间观音阁，前面是文昌阁。你若没听说过陶公洞，一定知道"山中宰相"陶弘景，据说，他听闻温州陆路崎岖难行，便通过海路到此行医济世，写成了道家重要著作《真诰》。

温州市区主干道黎明路中段还有一座洪殿，听名字就知道应该是道家之地。嗯！洪殿三楼供的是元弼真君，大殿旁边却是观音殿。二楼是老年活动中心，一楼则是一家很大的奥康皮鞋专卖店。楼上是神殿，楼下是鞋店，估计只有市场经济发达的温州才会有吧。

15

洞头中普陀寺虽是佛教场所，里面却有财神殿、妈祖殿。按当地民众的说法,从前洞头的寺庙大多是百姓自费修建的,一些信众虽然有信仰,但分不清道教和佛教,看到什么拜什么。寺里的人却说,其实佛教四大天王之一的北方多闻天王兼有财神之职,虽然"等级"比较低,但老百姓需求很大。这大概是温州人"事功"思想在宗教信仰里的体现吧。

其实浙闽一带民间信仰与其说信神,不如说拜的都是真人,比如胡公大帝就是永康的胡则,再比如温州沿海人家多信奉的陈十四娘娘陈靖姑,善医病、除妖、解厄、救产、保胎、送子等,想来这些神通都是与自然苦斗的温州人最期盼的。这么多信仰在温州居然能一起愉快地"玩耍",文化没有强到有足够包容的地方,是断断没有这样的底气的。

16

中原文化发达,南迁士族多有文化传统,在温州兴书院、办私塾,以至文风大盛。南宋永嘉学派著名学者叶适曾说"今吴、越、闽、蜀,家能著书,人知挟册",换句话说,不用政府推广九年义务制教育,当年温州人起码都拥有小学文化水平,写写对联基本没问题。

南宋学者真德秀说:"温多士,为东南最。"温州科举,在浙江甚至全国都有相当高的地位。1998年版的《温州市志》载,自隋至清,温州共有文科状元七名,探花、榜眼八名,进士一千五百八十三名。瑞安曹村有"中华进士第一村"之称。据说,宋至明的两百余年间,曹村共出进士八十二人,有的一家四世甲科蝉联,有的八对父子连科,比现在

"温州人有钱"的名头响多了。

温州娃会读书,一直在传承,许景衡、苏步青、谷超豪一个个名字如雷贯耳。

17

温州学风兴盛,现在的市区公园路在明清时期是重要的教育文化中心,上至府学下至私家书院,都能在这里找到遗迹。爱学习的温州人不但进京赶考比较厉害,市井文人也不少,最有名的就是"市井七子"。公众号"温州三十六坊"最近发布了一篇文章,题目叫《清代温州的菜贩子、剃头匠、跑堂的都会写一手好诗!"市井七才子"诗才惊艳!》。文章说的是清乾隆嘉庆年间,温州有几位自学成才的草根诗人:菜贩季碧山、营卒黄巢松、茶馆跑堂祝圣源、鱼贩梅方通、剃头匠计化龙、打铁匠周士华、银匠张丙光。他们的诗风刚健清新、自然本色,富有生活气息。七人常联吟酬唱。其中,最出名的是"卖菜先生"季碧山,他不但会写诗,书法也很棒。成名之后,一些富户豪绅为了装点门面,每有宴席,就请季碧山赴席。然而,他身穿卖菜时的旧衣服,足蹬破草鞋,挽起裤腿,径自走入厅堂,坦然酬对,挥毫于其间,大家啧啧称赞。

18

"天不怕,地不怕,就怕温州人说温州话",复杂的温州话一直被认为是中国最难学习的方言之一。前几年,有网友在微博上发布了一份

温
州
有
意
思

"中国十大最难懂方言"排行榜，温州话排名第一。因此，温州话被称
为"鸟语"。究其原因，大概是温州地处东南一隅，自古非兵家必争之
地，自郭璞建城以来，一直没什么大的战乱。虽抗日战争时期也曾三
次沦陷，但与中原地带自古以来不时遭遇战乱相比，温州的发展环境
相对平稳，语言、文化、风土人情因此保留完整，据说，温州话在战争中
被编为情报密码，敌人截获了也是"糊"的，完全弄不明白。

温州话被称为"鸟语"

19

在古代,中原地区人与人斗,斗得你死我活、南北分裂,实在斗不过,就南迁,安稳的温州因此得了便宜。除了当地太守开门办学、教化乡民,一千七百多年前的南北朝,大批中原士族南迁带来了中原文化。被称为"鸟语"的温州话乃是当时中原士族所说的话,保留了许多古汉语的特征和发音,是中古音的"活化石"。

我大学本科的专业是汉语言文学。大三的时候,古汉语老师特地请了一位温州人来上了一堂课。当时根本不知道他讲了些啥,因为他说的温州话我们听不懂,他说的温式普通话也很难懂。

20

不管多少人在一起,只要其中有两个温州人,他俩就会讲温州话。旁边的人根本听不懂,这让人很愤怒,可温州人乐此不疲。

在国外,温州话好比一本无形的通行证。一个温州人初到欧洲,或者南美,一时没饭吃、没工作,他只要用温州话在大街上吆喝一声,就会有温州老乡上来助他一臂之力。所以,温州人找老乡不看户口,只听乡音。

21

　　作家王安忆曾到温州永嘉偏远的里垟潭寻找母亲茹志鹃的生活旧迹，她就感叹："与温州人交往，常会发现言辞的新意。"比如一种面片汤，清新鲜美自然不在话下，意味是在名字，叫作"短切"，把动词当名词用，又以状语修饰，很有文气。

　　再有一种"敲虾"，动宾词组作名词用，也很别致。总体来看，温州话善用动词。动词是词汇中的骨干，可谓文字之原始，想来仓颉造字是最先造它。有了动词，行为才有状态，又从状态中生出形容，再生命名。

22

　　有段时间，"山东人说话爱用倒装句"刷爆网络各大社交论坛，并在网友中掀起一阵"倒装"造句热。看到这个新闻，温州人笑了。因为温州话才是真正把"倒装"用得淋漓尽致的。不仅有倒装句，还有倒装词——鞋拖、人客、墙围、菜咸、江蟹生、死人热、肚皮胀；定语后置词——饭焦；状语后置句——"你走先""你吃先""你吃添"；宾语前置句——"你饭吃交罢也未？""你香港走过罢也未？"……专家说，温州话中倒装的句子多是日常用语，倒装词一般是日常生活中最普通、较低端、温州特有的物品名词。专家还说山东人爱用倒装句，因为他们的祖先曾与温州人的祖先有交集。

23

我女儿所在班级的家长微信群里有一位妈妈,年纪比我大十多岁,不喜欢打字,都是用温州话留言。我特别喜欢听她说拉长腔调的温州话,尤其是一些很有趣的叠声词,比如,石板卵卵(鹅卵石)、丝网蛛蛛(蜘蛛)、火萤光光(萤火虫)、骗吃猫猫(骗吃鬼)、挑嘴逼逼(挑嘴鬼)……还有红冬冬、红蜡蜡(红色)、白雪雪(白色)、黄霜霜(黄色)、绿杏杏(绿色)、滥糟糟、眼光光、滑滋滋等等。有句温州话谜语:圆卵卵,扁兴兴,当中有条筋,时辰到,暖纷纷。谜底就是木制的锅盖。另外,一些温州话歇后语也很生动,比如"拉屁龟龟自秤自",指一个人自吹自擂。温州话中的叠声词真是可爱至极。

24

外地人对某些词很忌讳,温州人却会用一些不吉利的贬义词来表达"非常""很"的意思,据说这也是越语的遗存,主要是起到"负负得正"的效果。如"死人热""棺材贵""短命好",就是"非常热""特别贵""很好"的意思。温州人日常对话中很喜欢说"肚皮胀",刚开始我总听成"头皮胀"。字面意思是说肚皮发胀,有病入膏肓的征兆,温州话的意思却是"很厉害""了不得""很可怕"。

"狗生"一听就是骂人话。但我的一个同事常在我面前说自己的"狗生囡",怕我听不懂,还直译成"狗女儿",得意扬扬地说:"狗女儿公务员考试笔试第一名。"研究温州话的前辈说,这种表述是一种粗俗的溺爱,如同"快乐死了",带些自贱的表达也有好养活的期望。他说得太复杂,我觉得这就像是古人说的"犬子",一种自谦。这位同事没有"犬子",只好是"犬女"。

温州人还把年轻的女孩叫作"媛子儿",但女孩结婚后,就常常被称作"老娘客""老师姆",感觉甚有贬义。第一次在菜场听人叫我"老师姆",我浑身不舒服,愤愤地说:"你才老师姆呢。"对方一脸茫然地说:"是啊,大家都这么叫我。"

25

哺乳期结束,我给娃断奶。婆婆说:"不是断奶,是卖奶,或者埋奶。"老温州人解释说:"温州民间讲究吉祥文化,断、短等字含贬义,生活中不愿常说。""断"字,如同割断,不吉利,而卖奶,其意是给了别人,没了割断的意思。还有,老派温州人不说"短袖",而说"高衫袖"。不说"鸭舌",而说"鸭赚",因为"舌"谐音为"折本"的"折",不吉利,所以故意反说。吃根鸭舌都想着赚钱,温州人的赚钱意识果然是融入血脉的。

26

大学时,我的温州同学读英文常常让老师茫然,比如他们会把/r/发成/l/,rose读成"露丝"。我嘲笑温州人不会说英文,他们不服气,说温州人人会英文,比如普通话"没有",温州话读"no";普通话"打开水",温州话读"打 kiss"。一到傍晚,宿舍走廊上就能听见几个温州同学呼朋引伴地叫:"打 kiss,打 kiss!"

27

普通话里有句俗语叫"人靠衣装马靠鞍",温州话不这么说,它叫"蛇鱼靠蘸人靠扮",同事考我这个"蛇"字怎么读。查了字典才知道,这乍一看像蛇的字,意思就是我们常吃的海蜇,普通话发音"zhà"。海蜇皮不蘸酱油和醋没味道,多朴实的话语。

在收录了七万多个汉字的方正大字库里,温州方言里只有两个字还未找到,其余的都能找到,并且可以找到书证!这是温州本土语言学家沈克成先生多年研究得出的结论。

28

"地瓜爷""地瓜娘",地瓜即番薯,番薯的爷、番薯的娘是啥?外地人打死也想不到,这是温州人对公公、婆婆的称呼。我起初百思不得其解,有一位对音韵学很有兴趣的同事告诉我,这两个词翻译成书面语就是"大官爷"和"大家娘"。古代妻子称丈夫为"官人",称丈夫的父亲为"大官人"。温州的女人把自己的公公称作"大官爷"。古代妻子称丈夫的母亲为"大家",大家闺秀的"大家"。温州的女人称婆婆为"大家娘"。"大官爷""大家娘"中的"大"在温州话中读"dei",听起来就变成"地瓜"了。瞧瞧,一个日常的称呼都可以看出温州话多么有古韵。

"地瓜爷"和"地瓜娘"

29

作为唐宋音的活化石,古字、古音在温州话里比比皆是,换句话说,一个没文化的老温州人可能比汉语言文学系的大学生还"懂"音韵。

有学者认为,被称为"一代词宗"的夏承焘和"元曲大家"的王季思之所以能成为大家,原因是他们都是温州人,会说温州话,从而快速地进入了与词曲有着密切联系的音韵学殿堂,很快明白了音韵的奥妙,而不懂温州话的人,掌握古音比学习外语还难。我来温州二十多年,也仅仅是能听懂却不敢开口的"哑巴"。

也因为此,温州成了语言学家的故乡、研究古老语言的沃土。南宋撰写《六书故》的戴侗、清朝朴学大师孙诒让都是出生在温州的语言文字学大家。目前在国内一批颇有成就的语言学家中，温州人占了相当大的比例，包括2018年去世的郑张尚芳先生。

30

说起郑张尚芳先生，他是著名语言学家、中古汉语和上古汉语语音研究专家，是国内语言学界古音韵研究的权威，汉语古音学说有代表性的八大家之一，生前还有一堆头衔。可是这位温州学者没上过一天大学，他自称从"温州图书馆大学"毕业，徒子徒孙成为博士的有上百人。能取得如此成就，与他生在温州，会说温州话不无关系，因为他就是从研究温州话起步的。

据说郑张尚芳研究温州话时，时常在温州街头听那些妇女争吵，当场将吵架的话语记录下来，回去再慢慢研究。有一次，他在人流中穿行，突然听到一句温州谚语，他赶紧跟上去侧耳聆听两位老人的交谈，还问："阿公，刚才您这句话说得好，请您再说一遍给我听，好吗？"老人发现有人在偷听他们的谈话，脸色顿时沉了下来……

31

苍南人"话"多。闽南语、瓯语、畲语、蛮话、金乡话，一个县的人会说五种方言，在中国亦属罕见。靠近闽东的矾山人讲闽南语，太阳称日头佛，月亮称月光光，锅叫鼎，客人叫人客。矾山人还喜欢用"皇天""棺材"作形容词，菜烧得好吃说"皇天好吃"，女人长得漂亮便夸"伊棺材好看"。有记者说,跑苍南采访,一堆机关干部讲着讲着就开始切换各地方言。在苍南当乡镇干部,不会两种方言,没有竞争力呀!

32

温州之得名,是因为这里四季气候温暖。清人孙扩图有一首《忆江南·温州好》:"温州好,别是一乾坤,宜雨宜晴天较远,不寒不燠气恒温,风色异朝昏。"一位外地作家说,这诗,不像是诗人写的,倒有点像气象播报员说的。夏天偶有高温也会被台风灭了,冬天基本不下雪。我来温州二十多年,市区没下过几次雪,冬日某个清晨能在车顶上挖点雪,孩子们就会兴奋得尖叫。女儿上小学高年级时,有一次真的下雪了,校长立马给孩子们放"打雪仗假"。一个上午,老师们、孩子们在操场上玩疯了。晚上女儿回来说,那些平时很凶的老师今天被打惨啦。

33

《温州昨天最高温超过 1979 年创下的历史纪录 22.5℃》《市区最高温打破 1994 年 27.2℃的历史纪录》……类似这样的新闻不是出现在夏天,而是在立冬之后、冬至之后,难怪有人发朋友圈说:"你在北方的寒潮里吸着雾霾,我在温州的暖阳里等着降温。"2016 年冬至,温州街头有好多穿着短袖 T 恤的汉子。2017 年温州市区年平均气温达19.7℃,史上最暖! 2018 年农历四月,温州气象台发布了高温橙色预警。

当年，我被南京酷热恶寒的天气折腾得苦恼不堪时，男友说："你跟我来温州吧，温州的女人冬天都穿丝袜，你永远不会再生冻疮了。"我第一次来温州找工作，特地挑了冬天，一下汽车，暖风扑面。街上的大妈、少女果然都穿了丝袜——黑丝袜。那时候还没有"假透肉"的丝袜，真正是丝袜。因为这个细节，我大学毕业后选择了温州，也从此多年不敢再穿黑丝袜，怕自己与大妈为伍。

34

来自气象台的数据显示，过去三十年，温州常年平均气温达18.5℃。这里出品的男生也是常年恒温，与之交往常感如沐春风，堪比全直流变频中央空调。他们对每位女性都很暖，尽显绅士风度。但一旦你对他产生了好感，他可能会一脸无辜地说："啊，我只把你当朋友啊。"在冬天个位数的气温里，你爱美穿了丝袜、小短裙，冻得够呛，他们默默地用暖融融的大手将你的小手包住，或者神出鬼没地摸出一个暖手宝塞在你手里。关系普通的时候约你出来吃饭，你想AA制，他们嘴上啥也不说，却装作上厕所悄悄把钱付了。我的第二胎生了个男娃，婆婆来照顾我们时，三天两头对着娃念叨，以后出去跟女生吃饭，一定要记得叫妈妈多给点钱，让女生买单是很倒霉的事哟。

35

说到天气，温州不但温暖，而且空气质量也不错。一年中，九成日子空气质量为优良。尤其在北方重霾突袭的时候，温州基本上保持天高气清。唯一受影响的是快递业，有快件呼唤道："主人，我中'霾伏'了，正在赶来的路上……"那段时间，北方受雾霾天气影响启动车辆单双号限行、高速封路等临时交通管制措施，北方省、市的快件到温州多有延后，江浙沪区域则无影响。所以温州人冬天网购首先会进行地区筛选，同等商品尽量选江浙沪，谁买东西不盼着早点收到啊，况且还包邮！

36

温州滩涂资源丰富，在"东亚—澳大利亚"候鸟迁徙路线上。每年4月初到5月末都是温州最佳观鸟季。成千上万的鸟儿从几千千米外飞来温州"度假"。鸟类的飞行速度有多快？从前没概念。有人查询过一只候鸟脚环上的信息，发现它从澳大利亚飞到温州仅用了五天不到的时间，行程五千千米！

37

温州真是无愧于"温暖之州"的称呼。除了气候好，更有慈善的土壤，不说别的，单是酷暑时节，你在城区无论走到哪，环视四周，基本都能找到一家伏茶点，单单一个鹿城区就有一百多个伏茶点。这些慈善点除了夏天送伏茶，冬天还施粥。冬日严寒，一碗热乎乎的粥捧在手里，不知暖了多少人的心。有一位贵州务工者据此写了一篇散文《满城尽飘伏茶香》，得了浙江省新闻奖一等奖。特别难得的是，这些慈善点全部是民众自发形成，人们享受这份温暖，也悄悄地为温暖助力。若是你来喝粥，身边的大叔可能就是温州市市长，当然，不会有一堆人簇拥,他只是来喝一杯茶、品一碗粥,然后悄悄地留下捐款。

电影《红日亭》讲的就是在温州华盖山下的红日亭里,主角几十年免费夏送伏茶冬施粥的故事。奚美娟主演,2018 年 11 月上映。温州类似的夏烧伏茶冬熬粥的场所有五百多处。商行天下的温州人还把伏茶文化带出了温州,夏日里,杭州、福州等地也开始出现了温州人办的伏茶点。

38

十几年前,香港歌手周华健为一家温州服饰公司代言,那句广告语深入人心:"庄重一生,吉祥一生。"原本西服做得很成功的庄吉集团,后来投身造船业,偏偏遇到国际航运业寒流,资金链被拖垮,剥离出来的浙江庄吉船业有限公司破产重组。在建的一艘大船在淘宝上进行司法低价拍卖,起价一降再降,结果三次流拍,着实惨淡。

庄吉"不务正业",一头栽在造船上其实也没啥可笑话的。温州造船是有历史渊源的。《山海经·海内南经》载:"瓯居海中。闽在海中……"可见瓯人与外界联系是靠水上交通,应是精于航海和造船技术的。三国时期温州平阳的"横屿船屯"就是东吴三大造船基地之一,它为东吴造了多少船已无法考证,但从飞云江南岸淤积的一大片平原"万全(全即船的谐音)垟"来看,当时所造的船只应该是很多的。横屿船屯所造舰船,主要是军舰,其次为商船。据说,最大的战舰可载三千名士兵,有上下五层,足见造船技艺不一般。东瓯造船业自那时起进入全国造船业的先进行列,长盛千年而不衰。

温州有意思

横屿船屯

39

咸平元年（998），瓯人周仁第一个漂洋过海，远走高丽（今朝鲜）经商，水路成了温州人唯一的通道。多少年来，温州至上海的船票一直是抢手货。当年，温州人从市区的安澜亭码头出发，乘坐"民主号"船，历时二十多个小时，到达上海十六铺码头，途中免不了颠簸呕吐之苦，然后像被捅散的蜂窝似的往四面八方散去。温州话"水""死"听起来是一个音，所以温州人都自嘲："温州，温州，死（水）路一条。"

40

温州早年陆路交通不发达,水路交通又太慢,温州人只好选择从天上走,所以航空业非常发达。

1933 年,中国航空公司经营上海至广州的航线,途经温州,从温州飞到上海只需一小时四十五分钟,但机票钱相当于当时普通人家半年的收入。机场设在瓯江江面上,被称为江心屿水上机场,这是近代温州乃至浙江最早的民用机场。除江心屿外,民国时期温州还有三个军用机场,分别为中央涂机场、南塘机场、乐清机场,三个机场都在抗日战争期间被炸毁。其中,南塘机场是温州人民捐建的。

民国时期有个传闻,瓯海瞿溪的才女潘希真(琦君)放假回家,有男孩手捧鲜花,搭乘飞机追到温州,好不浪漫。可惜的是,萌芽中的近代温州民航运输仅存在了四年时间,便因为抗日战争而停航。

41

长期以来,温州跟其他同级城市比,一直缺少国家大规模投资,早年基础设施非常匮乏。温州人想修路造桥,多半靠自己筹钱。整条人民路改造,投资十二亿元,没有花国家一分钱;陪伴温州人三十年的东瓯游泳池是村民集资三百万元建的;办温州大学时,人人捐资;建设金温铁路,几乎全民捐款。婆婆出国前还给我留了一张 20 世纪 80 年代自来水公司的集资券作纪念。我的一位同事来报社当美编后,有一次查看多年前的报纸,竟然在报缝里看到自己小学三年级时为金温铁路

温州有意思

捐款的照片,这"缘分"深啊。

因此,温州人很自豪:自力更生,才能把自己的城市建得这么美。若有外地客人挑剔温州城市建设与名气不符时,温州人是很不屑的。

42

温州是交通死角,三面环山,山高壑深,瓯江和飞云江拦腰横截,行路难不输蜀道。直至1989年,沿海十四个开放城市中,仅温州既不通铁路,又没有机场。1995年从温州到杭州基本上是头天下午四点左右上车,第二天下午三点到杭州武林门车站,这还是在一切顺当的情况下。在车站等到跳脚不见车,一路上车子故障不断的情况是常有的事。"汽车跳,温州到",我第一次到温州,坐了二十个小时的汽车,颠得人七荤八素的。那时候真后悔来这个地方啊,我的家乡起码有火车,公路也很平坦。

转眼二十多年过去,我的家乡变化不大,动车前年才通,原有的飞机航班不增反减。温州却是日新月异,高楼林立,高铁通往全国各地,龙湾国际机场成为全国"千万级机场俱乐部"的第三十六个成员。

43

很多人很奇怪:温州作为第一批沿海开放城市之一,为什么会迟迟没有通火车? 有人说,因为温州人软土也软。温州有着最典型的软土地基,几乎是全国最软的土质。软土的形成主要受土里含水量的影响,例如杭州土质含水量为40%,而温州土质含水量却高达70%,你抓一把土捏一下就会出水。所以,在温州研究土质的人可能比较容出成果,因为可供研究的土壤比较独特。

44

因交通不便,在 20 世纪 80 年代,许多温州人没出过温州。1998年金温铁路开通时,早上五点钟,火车站就被围得水泄不通,大家都想看看火车长什么样。没买到首趟列车体验票的人都挤在一楼大厅玻璃门前,因为透过这扇玻璃门能看到火车的一点点车身——说起这段往事,温州人很心酸。

金温铁路开通当天

45

温州人盼了几代人的铁路，是由温籍著名学者南怀瑾先生提议并出面筹资四千五百六十八万美元建设的。金温铁路建设完成之际，他提出"还路于民"，游子的拳拳爱乡之情令人动容。金温铁路是中国第一条由地方、原铁道部和香港三方合资兴建的铁路。它可是当时浙江内陆通往沿海的交通大动脉！

46

不久后，正在建设的杭温高铁将让温州到杭州只需一个小时。开工当天，来了许多浙商大咖，包括横店集团、奥康集团的负责人，他们计划组建民营企业联合体，一起投资杭温高铁。温州人因此创造了一个全国第一：杭温高铁是国内首条开展 PPP 和混合所有制改革试点的"双示范"铁路项目。温州人很齐心！

47

陕西省温州商会会长吴联配是苍南人，有一次他回忆道：高中毕业外出打拼时，老家还不通公路，他离开家乡前都没见过汽车。那时候从苍南到西安，乘车至少要两天三夜或者三天两夜。如今，苍南拥有了全国首个县级动车始发站。每天有许多趟动车始发或停靠苍南站。

苍南动车站

48

水乡温州曾有"东方威尼斯"之美誉。我来温州之前，以为温州就是小桥流水人家，家家临河而居，逢村必有渡口，出门下了台阶就能洗衣、提水。我来了之后才知道与水、河、桥有关的地名多是河流被填埋后的地名，比如小高桥、信河街、沧河巷、第一桥、河西桥等。如今商业发达的大南门、小南门旁边，一千多年前就建有水门，便于城里、城外的小船通行。世事变迁，河道荒凉，意味着陆地经济的繁荣，也代表着

温州有意思

老温州舟行水上的诗意生活悄然消隐。

49

温州桥多,最多的时候一条信河街有二十七座桥。我在鹿城区挂职的时候,有一次去参加一个街道的演讲比赛,其中一位选手讲到温州曾经是水乡,以各种各样的桥名为例,让我印象极其深刻。

温州的桥多,取名也有意思。

有的跟数字有关,比如第一桥、双莲桥、三板桥、四顾桥、五马巷桥、六虹桥、七佛桥、八字桥、九山桥。

有的跟方向有关,比如东屿桥、南蝉桥、西寮桥、北新桥。

有的跟四季有关,春天的叫"清明桥",夏天的叫"乘凉桥",秋天的叫"高风桥",冬天的叫"雪山桥"。

有的和头衔有关,如状元桥、榜眼桥、御史桥。

有的跟吃的有关,如卖鸭桥、芝麻桥、糖糕桥等。

有的桥名字取得十分吉利,如广利桥、万安桥、永宁桥、旺增桥等。

干净的是清河桥,肮脏的是灰桥;长的叫万里桥,短的叫半腰桥;文气的叫兴文桥,武气的叫将军桥;高的是大高桥,矮的是矮凳桥;甜的叫甜井桥,酸的叫卖醋桥;烫的叫火炉桥,冰的叫冰壶桥;粗的有粗糠桥,细的有玉带桥;长得好的叫世美桥,难看的叫芝麻桥。

如今,城市变迁,上述不少桥已不复存在。不过,我家就住在灰桥,我经常逛街的地方是第一桥,八字桥的松糕、猪脏粉很好吃。

洗脚桥

50

　　五马街,是由一条护卫古城的五马河慢慢演变而来的。全长四百余米的五马街,曾有七座古桥。如今,川流不息的人潮取代了舟楫画舫,只剩下地名高公桥和四顾桥。

　　五马街对于老温州人来说,是乡愁的所在。老画家郑家清画过温州街巷风情画《千年五马街》。这幅画据说有百米,以钢笔画的形式实录了早年五马街的全貌。如今,很多老牌子的店面都已改头换面。要说这位郑老先生,真是一位乡情很重的人。他从 20 世纪 80

年代起专攻温州风情画，哪怕是中风后行动不便，也坚持到温州各地写生，画了一万多幅作品，还不顾高龄在妙果寺古玩市场摆地摊售卖自费出版的画作、乡情明信片等。他的乡情明信片，连在欧洲的温州人都要买一张，毕竟那是自己小时候生活过的地方。老先生说："温州是我的家，眷恋、记录家乡的变迁是我一生的追求。"所以，有画可作就不是苦。

郑家清与《千年五马街》

51

五马街东口有一家百年老店"五味和",以销售温州土特产而闻名,是游子心目中家乡风味的集聚地。前几年五味和的生意不好,挪到了环城路。重整五马街历史文化街区时,也许是为了让游子的乡愁有个安放地,五味和又被请回了原址。当年,它还承载着一段温州人的乡情佳话。1983年,一位香港朋友将一罐五味和鱼生送给了生活在香港的国学大师南怀瑾先生,勾起了这位游子的思乡之情。南怀瑾又把这罐鱼生赠给了在台湾的同乡、平阳籍著名报人马星野,马星野提笔写下一首感人肺腑的思乡七绝:"拜赐莼鲈乡味长,雁山瓯海土生香。眼前点点思亲泪,欲试鱼生未忍尝。"

52

五马街东首有条"蝉街",我有一位女友是路痴,总也记不住路名,有一次跟她说了半天蝉街都听不明白,最后她自己没好气地说:"什么蝉街,不如直接叫知了街。"她不知道,蝉街原本应该是禅街,因唐代高僧永嘉大师而得名。当代国学大师南怀瑾曾说温州的文化在唐以前没有出什么很大的人物,只有一位,那就是佛家的永嘉玄觉禅师。其《永嘉禅宗集》和《永嘉证道歌》是中国大乘禅法的重要典籍。

当年,玄觉禅师名震东南,温州一时成为浙江的禅学中心,各方高人前来参学,松台山山脚一带因此聚集了很多来拜谒玄觉禅师的僧人,"禅街"因此得名。叫着叫着,就被误称为蝉街,变成了知了街。2018年,五马街历史文化街区改造提升后,禅街得以正名。

53

五马街附近的建设小学总校眼下是家长们挤破头都想送子女入学的名校,但当年,它是民工子弟学校。20世纪二三十年代,温州掀起了建造洋楼的热潮,商铺云集的五马街更是大兴土木,各地能工巧匠云集此地。那时候的工匠可是专业人士,思想前卫得很。这些建造五马街洋房的泥水师傅(泥瓦匠)、大木师傅(木匠)、打石师傅(石匠)共同筹集资金,在打铁巷建成"楼房五楹"作为水木石公所的会所基地。为解决工匠子女的读书问题,他们又建起了本地第一家工匠子弟学校——永嘉县私立水木石初级小学。学校免费招收水、木、石三业工人子弟,校董及包工头子女半费入学——善待新温州人,原来早有先例。

54

我从诸暨丽水来,
路上想着这是你走过的,
及在船上望得见温州城了,
想你就住在那里,
这温州城就像含有宝珠在放光。

——张爱玲

1946 年,春寒料峭的二月,张爱玲为爱追到了温州。那时,她爱着的男人胡兰成一边被通缉,一边却牵着朋友庶母(父亲之妾)范秀美的小手,在天高皇帝远的温州遛遛信河街,爬爬海坛山,享受着"初夏时期荷花的爱情"。对于张爱玲的寻情而来,胡兰成惊而不喜,甚至有怒。他将张爱玲安置在温州城中的一家旅馆,因怕警察查夜未敢留宿,只每日白天才去陪她。

后来在所有相关的报道或者文章中,但凡提到这家旅馆,便称是公园旁的一家旅馆,没有名字。最近有媒体报道,当时坐落在五马街中段北侧打铁巷的新同华旅馆最有可能是这家旅馆,它一度是温州名气最大的品牌店之一,楼上楼下,电灯电话,餐厅、浴室、公共厕所等基础设施一应俱全,在当时实属首创之举。

55

这几年,温州各地发展旅游业。素以耕读传家知名的永嘉以永嘉学派为背景,新建了一个永嘉书院,虽已远离书院本旨,但胜在人气。大伙儿奔着这个名头来,实际上基本以看山水为主。这也是生意人的一种营销手法,挂了羊头,卖啥看你需求。

历史上温州书院甚多,多仿效"朱子于武夷、白鹿,皆择山水最佳处"的做法,建在山明水秀之处和名胜地区。既有官家的,也有私学。平阳的会文书院是目前保存较好的一所古代书院,值得一看。

温州当年的太守都是文学大家,书院曾经这般兴盛,为何后来却给外地人留下了文化沙漠的印象?我估摸着,是温州山多地少,改革开放初期,"走出去"的都是饭都吃不饱的温州人,在全国各地凭苦力和巧思赚钱。别人嫉妒他们有钱,为了让自己心理平衡,就讥道:"虽然有钱,可是没文化。"

会文书院

56

温州市区最值得一去的景点就是中国四大名屿之首的江心屿。瓯江之上，东西双塔凌空，映衬江心寺。千百年来文人咏叹江心屿的著名诗章近八百篇，谢灵运、孟浩然、韩愈、陆游、王安石、文天祥、朱熹、弘一法师等都曾留迹江心屿。当年太守谢灵运登临江心屿，开创了中国山水诗诗脉，"乱流趋正绝，孤屿媚中川"是也。李白诗云："江亭有孤屿，千载迹犹存。"

很多文史专家认为，李白其实从未来过温州，他之所以对永嘉、康乐、池上楼情有独钟，只因为他内心住着一位偶像——谢灵运。用现在的话来说，他是"谢粉"。因为谢灵运曾任永嘉太守，所以李白也有了多次给温州写诗"打 call"的记录："谢公池塘上，春草飒已生。""梦得池塘生春草，使我长价登楼诗。"大概是因为经历、性格、审美等方面与谢灵运有着相似之处，隔着三百年的时空，李白毫不吝啬地表达了自己对谢灵运的倾心和仰慕，诸如"谢公""谢客""康乐"之语经常出现在他的诗作中。用现代微博和微信术语，就是疯狂@谢灵运。

57

江心寺不简单，它是皇帝赐名的。当年金兀术举兵南下，宋高宗赵构坐船至温州，避居孤屿，驻跸屿上的普寂禅院。古代的皇帝是有文化的人，高宗避居期间仍关心翰墨，曾御书"清辉浴光"。后来又下诏，请蜀僧青了禅师来江心屿住持普寂、净信二寺。

据《温州府志》记载，孤屿原为两岛，东西对峙，中贯川流，有龙潭深幻莫测。话说这个青了禅师是个非常有行动力的人，亲自率众抛石，填塞中川，创建中川寺于其上。表奏朝廷，高宗龙颜大悦，赐改中川寺为江心寺，改普寂禅院为龙翔寺，改净信讲寺为兴庆寺。又命三寺合一，总名为龙翔兴庆禅寺，包含屿上一切亭台楼馆，并赐香灯田一千亩。朝廷每年春秋两季派京官来寺朝拜进香，香火鼎盛延续至清末民初。现在的江心寺系清乾隆年间重建的。眼下温州的"望江亭""麻行僧街"等地名，都跟这些往事有关。望江亭是朝拜者横江待渡之处，温州府衙还专门建设僧街，命市民开设店铺为僧众服务，足见当时江心寺香火盛况。据说连外国僧侣也慕名前来。

江心寺

58

"云朝朝朝朝朝朝朝朝散,潮长长长长长长长长消"这个让外地人看蒙了的叠字联就挂在江心寺门口。相传是南宋状元王十朋考前去江心寺借宿时所写。方丈青了禅师怎么读也读不通,以为王十朋忽悠人,生气地说:"你这个骗子,还说自己是读书人,我看你识不了几个字!"王十朋笑着说:"大师别生气,让我读来给你听:云朝潮,朝朝潮,朝潮朝散;潮常涨,常常涨,常涨常消。"据说这个对联读法有多种,不管哪种,都描写了江心屿云聚云散、潮涨潮落的美景,确实很绝。

有一年世界温州人大会主题歌《有根有梦有远方》的创作者就将这个著名的对联嵌入了歌词,"云朝朝朝朝朝,潮长长长长长,潮有头,云有根,有根就有力量……"用以表现温州人昂扬的气势和奋发向上的活力,堪称神来之笔。

59

江心屿上的东西双塔是世界百座历史文物灯塔之一。西塔很正常,塔刹直入云端,檐角有铜风铃送声。东塔则显得比较奇怪,顶上无尖,竖着一棵树。清光绪年间东塔山下建有英国驻温领事馆,霸道的英国侵略者借口警卫工作需要,强迫温州地方当局拆除东塔内外的飞檐、走廊,留下这座中空无顶的塔身。塔顶自然生长着一棵一百多年树龄的榕树,无土培植,根垂塔中,全年常绿,看起来倔强而伤感。

60

温州人处处讲商机肯定有弊端。比如好端端的"中国诗之岛"江心屿就被人为地用一道铁门隔成了两半,一半是古迹遍布、环境清幽的东园,一半却是温州最早的游乐园,时至今日多数游乐项目鲜有人问津。有些温州人呼吁要东西园合璧,可是西园的小游园被私人承包,合约要到 2023 年才能结束。于是,东园和西园,一座孤屿两处"闲"愁的状况就一直持续着。

61

来温州的游客一般会去两个景区,一个看山一个看水,分别是国家级 5A 景区雁荡山和国家级 4A 景区楠溪江。早年因交通不便,赶时间的游客一般就选其中一个游玩。现在雁楠公路串起了这两大国家级景区,交通便利,公路两边水流潺潺,绿树成荫,非常漂亮,本身就很适合放松心情。

雁楠公路

62

温州人做生意善于"一鱼两吃",赚双倍的钱,景点也一样。雁荡山门票有日景门票和夜景门票。理由是,同样一个山头,白天看像老鹰,晚上看像夫妻,由此演绎出不同的故事。对于同一个景区、同一拨游客，卖了两次门票，还带动了附近的酒店业，这生意经念得可谓淋漓尽致。

有外地朋友说，三十年前她第一次游雁荡山，导游拿着大喇叭喊，这个山峰像什么，那个山峰像什么。三十年后她再次夜游雁荡山，导游依然拿着大喇叭在喊，这个山峰像什么，那个山峰像什么。她不知道的是，因为这招的成功，温州其他许多新开发的景点都是先找文人来采风，看看山头，演绎"像啥"的故事。

63

温州山水充满武侠色彩。2006年，张纪中版《神雕侠侣》独爱雁荡山。峰峦雄壮的灵岩景区是剧中断肠崖、活死人墓出口、终南山绝顶、万兽山庄庄口等场景的拍摄地。灵峰景区观音洞则作为重阳宫的拍摄场地。而杨过、小龙女十六年后重逢的断肠崖水潭涯底则取景于大龙湫。小龙女生活十六年的密室"洞天福地"在三折瀑的中折瀑。当年拍绝情谷片段时，剧组特地搭建的水榭楼台，现在仍保留在山谷溪边。

2015年《琅琊榜》热播，剧中风景最为秀丽且最神秘的情报组织琅琊阁，就藏在宛如仙境的雁荡山。2017年《琅琊榜之风起长林》又将更多场景取材于雁荡山各个景区，包括被称为"天下第一门"的龙西显胜门以及散水崖。据说黄晓明来拍摄外景的时候，粉丝呼声"震动"山谷。

2018年，新版《倚天屠龙记》也在显胜门取景，昔日饰演周芷若的周海媚变身灭绝师太,带领峨眉派弟子从门下走过。

所以,去国家级 5A 景区的雁荡山游玩,赏大小龙湫、夫妻峰、空中飞渡表演之余,不妨去这些取景点瞅瞅,假装自己是剧中人。

64

美丽的楠溪江在永嘉。永者,水流长;嘉者,美也。水流长且美,是谓永嘉。永嘉以耕读文化、永嘉学派而知名,一江楠溪水从古至今吸引八方来客。

楠溪江为树枝形水系,流域内千支百派,总归一江,逶迤曲折,有"三十六湾、七十二滩"之称,溪水清澈,江宽而水浅,滩有急流,最适合乘坐竹筏漫游,是亲水的好去处。早年盛夏,我们都自备皮划艇,带着娃,开车沿着楠溪江行驶,哪里方便下水,就停车下水嬉戏一番。现在处处搞开发,这样随时下水的兴致已经难以生发。

"闻说双溪春尚好,也拟泛轻舟。只恐双溪舴艋舟,载不动,许多愁。"李清照的《武陵春》说的虽然是金华,但舴艋舟之于楠溪江,犹如乌篷船之于绍兴,它曾是楠溪江航运的主力,在江面悠然游弋了一千五百多年。直到 20 世纪 90 年代,舴艋舟才黯然退出历史舞台。近年当地为了发展旅游业,让舴艋舟重新"上水",可惜比不过一身坦荡的竹筏,只能在摄影爱好者来的时候,在晨曦、夕阳、雾霭中表演一下,充当背景。

65

楠溪江周边的石桅岩、龙湾潭、崖下库、永嘉书院和四海山等地都是游山玩水的好地方,而以"文房四宝"布局的苍坡村从南宋至今,已有八百多年的历史,是永嘉耕读文明的"活化石"。岩头、苍坡、芙蓉、蓬溪、花坦、豫章、鹤阳、枫林……大大小小两百多座诗意的古村落,散布在青山绿水间,诉说着这里耕读文明的兴盛。南宋时,一个芙蓉村就出过"十八金带"——有十八个人在京城做官,那该是多么光彩的事啊!

66

平阳海西镇有个村叫仙口村,名字很有"仙气",村附近有仙人插掌、仙人坑、九相坟等景点。电视剧《三生三世十里桃花》热播的时候,仙口村搞了一场桃花节,我才知道,原来它曾是三国东吴横屿船屯所在地,也是平阳最早的县治所在地,距今已有一千七百多年,被誉为"平阳第一古村"。

67

苍南马站有个蒲壮所城,听名字你就知道,这是一座抗倭古城,也是全国重点文物保护单位。蒲壮所城地处浙闽交界,一面靠山,三面用石头堆砌而成,城门三座,城外有烽火墩,城内有跑马道。除了游玩,你别忘了尝尝戚光饼、肉燕、熏兔,还有夏秋季节特别甜美的葡萄。

68

温州外来人口很多,除了南迁士族,还有军队,因此,外来姓氏有很多。温州龙湾宁村据说是中国唯一的百姓村,典型的温州古村落,很值得慢慢逛。宁村古称宁村所城或宁村寨城,原是明洪武年间信国公汤和建的抗倭要塞。汤和功成名就退隐之后,军士们就在宁村安家落户,娶妻生子,繁衍生息,姓氏繁多,故人称"百家姓之村"。现在宁村还将汤和视如神明,家家户户立牌供奉,每年正月初九是"思祖节",宁村庙会热闹非凡。

69

温州苍南比较有名的是玉苍山和矾山镇。"矾山、矾山,一烧矾,二开山。"矾山有一支近两万人的专业矿山井巷队伍,他们最先走出大山,足迹遍布全国各地,远及世界十几个国家,被誉为"中国穿山豹"。

矾山镇素有"世界矾都"之称,明矾的采炼历史可追溯至宋代。在巅峰时期,一个矾山镇的工业生产总值占整个温州的三分之一。特别难得的是,它是省文物保护单位中唯一仍在生产的工业活遗址,有机会去地下矿洞,你仍然可以看到在一片冰晶似的世界里,工人们赤裸着上身半机械、半体力的采炼。

早些年,矾山戴着工业重污染的帽子,现在总算"摘了帽",其文化遗产保护核心区域福德湾古街区,已经获得联合国教科文组织亚太地区文化遗产保护奖,自然也是游人如织。不过,我更愿意徒步于人迹罕至的挑矾古道,从沿途的街亭、神庙、石屋了解自宋以来的矾工们肩挑明矾,唱着号子,如何一步步从冬走到秋。

矾山镇

70

如果你是一名资深的城市游客,那么想必你应该知道,去博物馆是了解一座城市的最佳捷径。温州的专题博物馆自然都是跟温州文脉传承息息相关的,比如位于市区谢池巷池上楼的谢灵运纪念馆,可以诵山水诗、看谢公屐;位于市区朱自清故居旁边的南戏博物馆,庭院里设舞台,常年有驻场演出;位于市区白鹿洲公园东侧的温州数学名人馆,是把数学家谷超豪的祖居谷宅整体搬迁布展而成。

除了政府主导的专题博物馆,温州还有三十多家民办的博物馆,有的也很有特色，比如位于市区瓯江路的叶同仁中医药博物馆，每年端午前后会制作中药香囊免费分发给孩子们；位于洞头的东海贝雕艺术博物馆，不但有国内明清以来的贝雕收藏品，还有来自日本、韩国、泰国等不同国家的贝雕艺术品。其他还有武术博物馆、动物博物馆、蓝夹缬博物馆、民俗博物馆等，这些博物馆充分体现了温州人喜欢收藏并乐于与他人分享的特性。

71

如果你很喜欢中式传统小物件，不妨去一下位于瑞安马屿的采成蓝夹缬博物馆。种蓝得蓝，蕴含着中国人独特审美趣味的蓝夹缬始于秦汉，盛行于唐宋，是我国古老雕版印染工艺的"活化石"。温州是蓝夹缬的发源地，也是最后几个遗存地之一，目前仅剩几个家庭分别传承着靛青染料炼制、雕版、夹缬制作技艺。

20世纪六七十年代，夹缬是温州人的婚嫁必备之物。若是嫁妆里没有蓝夹缬，会被邻里嗤笑。在瑞安的这家专题博物馆里，陈列并出售各式蓝夹缬的印花手袋、围巾，印染着百子图、月季花的背包和靠枕，以及长长短短的中式服装。很多温州文化人把蓝夹缬当作墙上饰品、门帘、桌布，在古色古香的蓝夹缬上摆几个茶具，品茶、听古琴确实很有古意，关键是这片温州蓝有着一种不张扬的美。

温州有意思

蓝夹缬

72

如果用一种颜色来代表温州，什么颜色好？有人说黄色，有光明、开放、进取之感；有人说灰色，比较大方、端庄；也有人说温州是沿海城市，用海之蓝比较适合。我的一个朋友推荐"靛青"，真是英雄所见略同。靛青、鸦青、月白、葱绿、妃红、相思灰等色彩，都具有中国独特韵味的美。在我看来，靛青含蓄、深邃、不张扬，特别有一种历史的厚重感,唯有它才能承载起温州的千年文化。有资料说,靛青又叫靛蓝,靛蓝是一种具有几千多年历史的还原染料,也是我国古代最重要的蓝色染料之一。发源于温州的蓝夹缬就是种靛得蓝,晕染了世世代代温州人的文化和生活。

73

1978年的温州,大街小巷锤子声、剪刀声声声入耳,解放北路是温州第一条上规模的皮鞋专业街,作坊向雪山路、任宅前、水心路蔓延。人们用最原始、最简陋的工具摆弄出皮鞋。有资料记载,当年温州皮鞋年产量达五十万双。

当年的专业市场后来虽然萎缩了,但温州的街区式消费依然特色明显,逛街是一大乐趣。比如跟府前街垂直的施水寮是著名的男装批发中心,其北面是温州市区最大的女装批发市场——城西街;信河街一带聚集了众多的鞋类批发商;跟五马街平行的鼓楼西街是内衣、睡衣、袜子的集聚地带,一直延伸到公安路;晏公殿巷是羊绒衫的天地;纱帽河女人街、第一桥从前以女装为主,现在则汇集了很多小吃。

74

飞霞桥一带曾经有温州非常有名的露天夜排档,是很多人的"深夜食堂",高峰的时候有近五十家摊点。吃客人挤人,摊点推车一个挨一个。你可别小看这个由流动摊贩组成的小吃一条街,它是很多人创业梦的起点,卖烧饼的一年都能挣八万元。如今在厦门、福州、温州等地有多家加盟店的"阿青龙虾"就是从飞霞桥夜宵摊开始的,最早摆摊时,阿青只卖两个菜:蒜香龙虾和羊骨头。随着外卖业的发展,2018年11月,飞霞桥夜市黯然退市。城市变大了,夜市没了,温州的市井味儿也淡了。

75

每个地方都有属于自己的夜市。平阳的夜市却很特别,没有大鱼大肉,华灯初上,夜市老街上许多摊位卖的是稀饭。对,稀饭!半夜喝稀饭是什么节奏?夜市稀饭,重点不在稀饭,在小菜。从炸鱼到凤爪再到蚌类,铺满长长一桌,任君选择。遇到寒夜,约几位好友,几碗稀饭落肚,那种暖融融的熨帖感,真是妙不可言。

76

泰顺最有名的自然是廊桥,这些建于唐、宋、明、清代的木拱廊桥,和《清明上河图》里的虹桥一样,是中国传统木构桥中技术含量最高的一类桥。廊桥如长虹卧波,点缀在泰顺山水间,其数量之多、工艺之巧、造型之美,以及与周边环境之和谐,在世界桥梁史上堪称一绝。目前,泰顺正在跟邻近的庆元、景宁以及福建省四个县,组成七县联盟,共同申报世界文化遗产。

"廊桥"顾名思义,就是有屋檐的桥。古代交通不发达,人们外出行走十几里都难以见到人烟。泰顺先祖们的"交通规划"是在相隔一定里程的大路(石砌路)边上,建一座供人歇脚的风雨亭。而桥上建造屋檐,不但可以保护木桥梁免受日照雨淋,而且起到风雨亭的作用,有的廊桥还有供人暂居的房间。不过,"廊桥"这一叫法泰顺还是最近几年才开始采用的。几百年来,泰顺人一直称木拱廊桥为"蜈蚣桥"。

泰顺廊桥

77

廊桥在泰顺人心目中的地位很特别,它是很多泰顺人孩提时娱乐嬉戏的地方,又是乡民们交流、交易的场所,有的廊桥商业之繁荣堪比五马街。

泰顺廊桥让国人尤为关注缘于 2016 年中秋节,台风"莫兰蒂"带来的强降雨在短短两小时内冲垮薛宅桥、文重桥、文兴桥三座国家级保护文物。受灾视频通过网络迅速传播,百年廊桥被洪水吞噬的瞬间让很多泰顺人泪目。

泰顺人把桥看作自己家的一部分,是一种精神寄托。逢上雨天,住在廊桥周边的村民,甚至会从家搬柜子、冰箱、门板等重物来帮忙"压"桥。三座廊桥被洪水冲垮后,附近村民展开"全民救桥"活动。几天之内,被冲毁的廊桥的大木构件全部被找到。"重建泰顺廊桥倡议群"一组建,当天就收到了七十九万多元的捐款……后来,当地仅用了一年的时间就完成了廊桥的修复,做到了修旧如旧,堪称文物保护的经典案例。

78

温州古称"瓯"。"器择陶拣,出自东瓯",语出一千七百年前西晋杜毓的《荈赋》。这句"盛茶汤的器皿出在东瓯一带"的点评,是我国迄今为止发现得较早的有关陶瓷器物的记载,说明了瓯窑的悠久历史。瓯窑是"民窑",虽不及越窑精细优美,却因朴素而动人。唐宋时,民间几乎每家每户都使用瓯窑产品,可惜随着南宋龙泉窑和元朝景德镇窑的兴起,瓯窑逐渐衰落。如今想亲手试试制瓯窑陶瓷,可以去永嘉的瓯窑小镇体验一把。

瓯 窑

79

　　在中国,被称为碗窑的村子很多,福建、浙江、江西都有,但温州苍南的碗窑村是最值得去的碗窑村之一。苍南桥墩的碗窑村始建于明洪武年间,三百多间清初样式的古建筑,见证了它作为清代浙南地区民用青花瓷主要烧制基地的过往。如今的碗窑村知之者甚少,但从前的碗窑村交通十分发达,旅馆饭店林立,戏台上夜夜好戏不断,来买碗的各地客商不绝,村民十分富有。眼下当地正在打造碗窑瓷韵小镇,口号是"一双筷子五个碗",筷子代表的是当地旅游公路和溪流,"五个碗"分别指"当一次碗民""游一天碗景""喝一口碗茶""住一宿碗里""带一只碗走"。

80

大约二十多年前,我第一次带姑奶奶去温州东南剧院看新编南戏《荆钗记》,大为惊叹。印象最深的是这个戏虽然布景并不繁杂,但故事内容好,一环套一环,我都来不及给不识字的姑奶奶讲解戏文。因为我这个新温州人的"大惊小怪",同事还把我的评价写进了文章里。后来我才知道,温州的南戏是"所谓完整的中国戏剧的宗",温州因此成为中国戏剧发源地之一。

民国初期,著名学者冒广生将南戏与南宋永嘉学术并称为温州"二霸"。可能是因为南戏起于民间,是温州土生土长的地方杂剧,所以特别适合我这个平民的口味。温州市中心四营堂巷的一处老宅,原是钱庄,现为南戏博物馆,这里时常会有新编的南戏上演,大家可以免费参观、看戏。

81

行走在温州巷弄里,你时不时会听到一阵阵声音高亢、佶屈聱牙的唱词声。温州鼓词是浙江第二大曲种,生于田野,一个艺人,伴着牛筋琴、三粒板、扁鼓等,以温州方言(以瑞安方言为标准)演唱。艺人忽唱忽念,唱来优美"动听",念来干脆利落,身体语言夸张丰富,常常一人敲奏四五件乐器,还兼扮各种角色,真正是"一人一台戏"。说实话,我有点不习惯这种"动听",但老温州人很迷恋,只要有艺人唱,常常里三层外三层,围满听众。要是我能忍受三个月的鼓词"魔音训练",估计我的温州话就不会这么弱了。

温州鼓词

82

金庸小说里有"华山论剑",温州也有"枫林武赛"。每年农历二月廿二,永嘉枫林镇都会举行"武林大会",全国数百名武林高手展示十八般武艺,那是真刀真剑地"你来我往"。枫林镇尚武之风可以上溯到宋朝,很多人自幼习武,由此"枫林论剑"在国内武术界也算是小有名气。

当然,如果孩子想学习武术,建议去平阳。平阳尚武之风,源远流长。宋室南渡后,又有大批北方武林高手迁徙过来,平阳在南宋就有"武状元之乡"的美誉。现在的平阳以教授武功而闻名,武校稳扎稳打的基本功训练,正适合给那些荷尔蒙分泌过盛的叛逆少年收心。其实,温州是教育部"全国学校武术联盟"的唯一试点城市,四十多所中小学都开展常规武术训练,有自己的武术队,尚武之风可见一斑。

83

云南有十八怪,洞头有八大巧。每一巧都跟海岛渔民的生产、生活密切相关。其中有几巧很有意思,值得一提。

"木船用火烤"是渔民给船做"美容保养",目的是把船底的水草和蛀虫烧掉,以便日后刷漆。所以,在海边看到"烧"渔船,你可千万别惊呼"救火"哟!

"泥马"这个词现在被网友们用坏了,它的本义其实是渔民在滩涂上的一种代步工具,也就是洞头八大巧中的"驾舟靠双脚"。行驶时只需一脚跪在船上,一脚蹬着烂泥,船就在泥上飞快地滑行,省去了人在泥巴中拔脚的麻烦。当地人将其称为"泥艋""泥马""泥涂自行车",并已流传千年。龙湾、洞头还经常搞"泥马"大赛呢。

"动物满船跑"说的是渔民的情趣。他们一年到头在船上奔波,生活冷清得很,于是就把船上的部件、用具用十二生肖以及别的动物的名称来命名。有满船的"动物"为伴,单调的海上生活也变得温馨。

驾舟靠双脚

84

温州人喜欢搞批发。买个生活用品都喜欢几个人拼起来去批发。各种小批发市场遍布大街小巷。有人说得好有趣,温州连拍电视剧都搞"批发"。讲述温州人改革开放初期创业故事的《温州一家人》,2012年在央视播放后非常火爆。温州马上乘胜追击,拍了《温州两家人》,再次在央视一套播出。眼下,《温州三家人》已经开机拍摄。有人忧愁地说:"等《温州三家人》播完了,难道再拍个《温州一群人》或者《温州全家福》?"

《温州一家人》不但让无数中国人深刻地了解了温州人的创业艰辛路,还走出国门,在韩国、法国、哈萨克斯坦、巴拿马、澳大利亚、日本等地播放。从《温州一家人》《温州两家人》到正在拍的《温州三家人》,这不是"批发",而是串起了中国改革开放的昨天、今天和明天,每个人

温州有意思

都可以从中看到在时代大潮中拼搏的自己。

85

　　提到划龙舟，人们就会想起端午节。其实，在温州，春节划龙船，那是旱龙；端午节划龙舟，是水龙。每年农历二月初二是温州民俗"龙抬头"的日子。这一天，人们会把稻草龙放在街头，每个人经过时都用水浇龙头，让龙抬头。

　　如果你在元宵节来温州，推荐你去平阳鳌江看"东方第一龙"。温州是个自然灾害频发的地区，所以各种祈福活动源远流长。国家级非物质文化遗产"鳌江划大龙"就缘于民间祈求国泰民安、风调雨顺，至今已有数百年的历史。鳌江大龙有多大呢？2017年元宵节，这条大龙高约五米，重三吨多，十米长的毛竹用了一百五十根，龙身装了三百多只LED灯，布匹用了两百多米，七名工匠花了四十天制成，需要三百五十八名壮汉才能抬上街。这样的壮观景象必须身临其境才够震撼。

鳌江划大龙

86

我的故乡在北方,那里的人把大年初一当作新一年的开始。温州人说,吃了冬至的汤圆就长一岁。为什么冬至就分岁?查了资料才知道,冬至是第一个被确立的节气,始于周朝。从周朝到汉初,人们一直是把冬至当作一年的开始。想想也对,冬至这一天,白天最短,夜晚最长,接下去白天一天比一天长,代表着下一个循环的开始,是大吉的日子。温州过去还有冬至祭祖的习俗。有宗祠的地方,程式十分隆重。冬至分岁、祭祖,足见温州保留了很多古风。

87

温州人把年夜饭叫作分岁酒,很形象。传统的分岁酒要用红艳艳的高脚碗,意为"红红火火,步步高升",摆十样好吃的冷盘,如酱油肉、鱼饼、鳗鲞、花蛤、鱼胶冻、江蟹生、橘子、炸羊尾、三色蛋、酱油鸡。每道菜上还要放一片红萝卜,方言称作"红菜",意为讨个好彩头。其次再上十大碗热菜,寓意"十全十美"。年糕、鱼及甜点必不可少,分别意味着家庭生活一年比一年好,收入年年有余(鱼),日子过得甜甜蜜蜜。

有长辈的温州人家里,还有除夕点岁灯的习俗。旧时除夕,每每到了黄昏时分,温州城区各户皆要点上大蜡烛,也有叫儿童手提灯笼,照遍室内外各个地方的,俗称"照岁"。还要在屋里屋外的各个角落点上灯,如床下、桌下、灶下、道坦、天井、树下、阶下等处,称"点守岁灯"

或"点岁灯"。讲究的人家用陶器盛油点灯，而大多人家则用红萝卜切成片段做灯盘，插上小蜡烛，简单方便。现在的人们虽然"点灯"方便了，但传统习俗却在慢慢丢失。

88

请温州的同事、朋友来家吃饭，他们一定会拎点什么，客气地说："没啥没啥，就是一点'伴手礼'。"这伴手礼大概缘于旧时温州人拜年的习俗。据说，温州人拜年最有特色的是拎纸蓬包。那时生活水平低，纸蓬包里大多放些饼干、柿饼、红枣等，却被叠得有棱有角，鼓鼓囊囊，好像放了很多东西似的。过年时拎着它四处走亲戚，俗称"伴手"。大家都舍不得吃这"伴手"，你送我，我送你，遇上嘴馋的小孩，就从中挖条缝，摸了里头的东西吃，最后送来送去，纸蓬包几乎成了空壳。

89

经历了古时传统的农耕社会，温州不少地方保留了延续数百年的民间会市，比如永嘉上塘会市、瓯海瞿溪会市。有朋友是瞿溪人，每年农历二月初一，他都会邀请大家去他老家看会市。因为在那一天，瞿溪街头人山人海，各种农家手工制品应有尽有。家家户户还在街上摆酒，路人可以免费吃，你不去，主人会拉你吃，因为谁家客人多，就会显得特别有面子。温州人的好客豪爽从中可见一斑。同样的还有泰顺的百家宴。

90

温州是百工之乡,说到能工巧匠,一数一大把。廊桥技艺非遗传人曾家快的技艺就神乎其神。举个小例子,2006年,衢州有人请他造廊桥,为了节约成本,他提出所有木材都在泰顺购买,做成构件,再拉到衢州组装。周边的人都怀疑他:都没考察过现场,这样也能造桥?他只管自己在家门口叮叮当当干起来。两个月后,一千五百件廊桥构件顺利完成,运到实地安装,他带去的构件一块不少,一块不多。为了验证曾家快的"斧头功",央视《走近科学》栏目组曾请他参加节目。他凭借一把普通的斧头,在演播厅里剥鸡蛋壳、削铅笔芯,战胜所有对手,赢得"斧头王"的称号。

91

温州民间艺人手极巧。有一年浙江省农业博览会上,温州农耕文化馆展出了一台"首饰龙",龙身至少由四层亭台楼阁组成,在这些亭台楼阁里演绎着八十多出戏码。只要拨动首饰龙的手柄,整个龙身上三百多个小人偶会手舞足蹈起来,哪怕一个五六岁的小孩,也能轻而易举地操作。这种民间工艺品太精细,光零部件就有上万个,全手工制作,却没有一张图纸,凭的就是口口相传的经验。

92

在温州永嘉、文成、苍南等地,每年正月初一或农历六月十五,当地的诚意伯庙都会人山人海,人们焚香敬酒、祭祖祈福,隆重纪念温州的传奇历史人物——刘基。刘基,字伯温,明朝开国元勋,谥号文成,文成县因他而得名。作为立德、立功、立言的"三不朽"伟人,刘基对温州的影响极其深远。民间有关他的种种传闻、童谣和白话小说非常多,《百鹿》《矮凳桥》《中秋月饼》等故事代代相传,以至于"刘伯温传说"不但入选浙江省非物质文化遗产名录,还作为"民间文学"被列入第二批国家级非物质文化遗产名录。个人能有这等待遇,还是不多见的。

刘伯温传说

93

　　造纸、火药、指南针、印刷术是中国古代四大发明。前三样,西方人都承认,就是对印刷术有异议。相关研究者若是到东源村好好溯源一下,估计会对印刷术源于中国有更深刻的认知。东源村的"木活字印刷术"是中国唯一仍在使用的活字印刷技术,迄今已有八百多年历史。这里的木活字选用上好的棠梨木,经风吹日晒,自然干燥后,拿来制作字模。古代印刷作业包括刻字、检字、排版、校对、印刷、打圈、划支、填字等多道工序,在这里完整再现的木活字印刷术堪称古代印刷术的"活化石",2010年,木活字印刷术被联合国教科文组织列入急需保护的非物质文化遗产名录。

木活字印刷术

94

作为一个保留古风的地方,温州不但有印刷术的"活化石",还有造纸术的"活化石"。瓯海泽雅素有"纸山"之称,泽雅传统造纸工艺始于唐代,鼎盛于 20 世纪三四十年代,有纸农近十万人,约占当地人口的 80%。当时,泽雅漫山遍野晒满了屏纸。在阳光的照射下,山上山下一片金光灿烂,故称"纸山"。至今,泽雅和瑞安湖岭一带的产纸山区仍保留着大量完整的古代造纸作坊,水碓坑村、西岸村、横阳村等多个村落还在沿用古法造纸。古法造纸有二十多道制作工序,其中一些生产环节比古籍《天工开物》记载的更原始。

在机械化大生产的冲击下,古法造纸生存的空间越来越小,生产出的纸只能用作冥纸和鞭炮衬纸。不过,泽雅纸山文化景区游却成了新的经济增长点。

95

多年前,新闻学院的老师就说:"温州是个出新闻的地方。"这话不假,除了改革开放以来温州有很多创新之举外,这里的人也特别有趣,容易让记者写故事。2016 年 10 月温州民房倒塌,全市因此掀起了大拆大整的行动,到处尘土飞扬。有钉子户不愿拆,也有些老百姓巴不得拆掉旧房建新房。平阳萧江一个姓鲍的居民就在自家危房拆除现场放鞭炮庆祝,记者写了一篇《旧房拆掉了,鞭炮放起来》。没几天记者再去那里,一百多户人家都在忙着搬家,还拉着记者在旧房前拍照留念,可能是因为他们也想上新闻。记者据此又写了一篇《请帮我们和老房子合个影》,据说两篇都是好稿。

96

我周围大多数家庭都是男人烧菜,男人若有应酬,女人多半带着孩子出去觅食,看上去女人挺有地位,可能正因为温州女人太强大,所以温州的反家庭暴力工作全国领先。2016 年 3 月 1 日起实施的《中华人民共和国反家庭暴力法》就有几项温州元素。

早在十年前,《温州市预防和制止家庭暴力规定》就开始实施,这是中国首个为预防和制止家庭暴力颁布的地方政府令。后来,频遭家暴者还可以向法院申请"远离令",要求施暴者远离遭家暴者至少两百米。这招够狠,你的手总没有两百米长吧。

97

1999 年,有位同事卖了一套三室两厅的房子,买了一辆奥拓,车价五万多元,牌照八万三千元。她说自己其实不需要用车,买个便宜的车,目的是投资车牌,那时候温州牌照的拍卖价格年年涨。温州人只好跑到邻近的丽水挂牌照,因为那儿免费。我的第一辆车就是丽水牌,浙 K·AB100,很不错的牌照号码,不用额外缴一分牌照费。后来,温州满大街都是丽水牌,管理部门坐不住了,只好取消牌照拍卖。同事的小奥拓开了多年后因为是黄标车而报废,她又没有在半年内再买车,八万多元的牌照就此成为一张废纸,与此同时,温州的房价却直逼全国一线城市的房价,她一想起此事就咬牙切齿。

98

成本不足百元的一块铁片,因为数字的组合而产生了特殊意义。温州的牌照拍卖曾经很疯狂,尤其是一些特殊号码。时至今日,浙C·88888仍旧占据着"全国最贵车牌榜"的前列,2006年,它被人以一百六十六万元高价拍走;浙C·66666为八十五万元;浙C·81888为三十六万元……史称温州最"疯狂"的车牌拍卖会上,二十个车牌创造了四百三十一万元的竞拍款。

这些年,温州虽然实行了按需申领牌照,但特殊车牌拍卖还是"热"。2017年前八个月,温州就有十三个牌照拍卖价超十万元。有人吐槽,这些买号牌的钱能让自己发家致富,有钱就是任性;也有人说,车会贬值,车牌能增值。那些特殊号牌的高价之所以还被人记住,是因为随着它们主人在商海的沉浮,它们的栖身之地可能也从宝马、奔驰、宾利等豪车上"下嫁",委身于脏兮兮的面包车。近年来,"牛牌"委身廉价车成了温州一景。真是应了那句唐诗:"旧时王谢堂前燕,飞入寻常百姓家。"

99

都说温州人有钱,看起来"宝马"遍地开花。交警部门统计发现,全市蓝牌车中,最多的牌子是大众,宝马只排名第十,远不及排第二位的五菱。这充分说明温州是个务实的地方,因为开五菱车的人多半处于创业阶段。

温州男人的爱车以五菱、大众和别克为多,女人的爱车却没这么平民化,大众、宝马和丰田排前三。这算不算用大数据解读了网络流行的段子"宁愿坐在宝马车里哭,不愿坐在自行车后笑"呢?

100

温州水头这个地方一定是名字取坏了,"水到桥头""水满到头",每次刮台风,水头都淹水,家家户户墙上都有水印。也是被淹习惯了,水头人遇到水漫全城特别淡定,该干啥干啥。2016年台风"鲇鱼"登陆当天,有新娘穿着婚纱爬梯子进二楼新家,因为一楼完全被水淹了;还有新娘爬上高高的工程车去赶婚礼,因为路面积水太深,一般小轿车没法开。一对新人坐船头,风雨中一起撑伞赶赴婚礼的照片传到网上后,网友纷纷送上新婚祝词:这是真正的风雨同舟,爱如潮水……台风后第三天,我们去灾后救援,赶上一户人家的百岁老人在举办寿宴,全村的人坐在齐小腿肚子深的水里吃吃喝喝,谈笑风生。

101

温州有钱名声在外,吸引了很多人来淘金。一般人都是在各种鞋厂、服装厂勤恳工作,可有人真是来淘金子的。一个王某在2017年1月千里迢迢跑到温州一家珠宝店打劫了一公斤黄金,理由是"觉得温州人很有钱"。他曾在横店影视城当过武打替身演员,与洪金宝演过戏。当替身,不露脸是专业要求。逃跑中,王某前后换了十三辆车,不断改换着装。警方提取了近千个监控视频,只看到他身材匀称(后证明有六块腹肌),但对长相一无所获。最后在一个小村庄的监控视频里捕捉到了线索,估计王某以为大功告成,一时兴奋主动露了脸。

102

在武侠世界里,"一指禅"是少林绝技。温州也有人怀此绝技——一位章姓中医的"一指禅推拿"。因是绝技,一般不轻易外传。这位章中医充分发挥了温州人的"死磕"精神,花了十年时间,用诚心打动一指禅推拿的第五代传人,拜其为师。《倚天屠龙记》中,张三丰传授张无忌太极拳,要求必须忘记之前的功夫,据说一指禅推拿亦然。它讲究技巧和奥妙,但无法用文字和语言表达,章中医用了三年时间才领会禅中真义,将手感、手法和穴位等运用自如,不仅能治脊椎病,还能治其他各种不适病症。

103

温州医学不仅有"一指禅推拿",还有马大正的"马氏传统中医"。说来也奇怪,男人好像比女人更了解女人,貌似好的妇科医生、产科医生常常是男性。据说马大正的中医妇科门诊超级难挂号,那些不孕不育的人常常凌晨三点排队挂号,他诊室的墙上挂满"百子图",图上都是经他诊治过的夫妇生的孩子。

马氏是温州旺族,以"书画传家三百年"而著称,在市区信河街飞鹏巷的马孟容马公愚艺术馆里,可以寻见马氏家族辉煌的过往。现在大家熟知的马大正主攻妇科,但其实马氏传统中医可以追溯到明代,始于眼药专业,至今已有三百七十多年。清代医学家赵学敏在他的《本草纲目拾遗》中称:"昔客东瓯,闻马氏点眼药粉为天下第一。"马大正为马氏第十二代,诗人马骅的第三子。

104

平阳有道名茶叫平阳黄汤,据称是乾隆时期的贡品。一个做红木生意起家的企业家借黄公望字子久之名,推行茶文化。子久文化是一家上市公司,其平阳黄汤门店值得一去。一楼一隅是老板用自家老房子拆除后的瓦当、木梁、雕花等复建而成的温州民居。二楼每间包厢都以温州文化名人命名,比如弈算舍(谢侠逊,字弈算,中国象棋运动开拓者)、师秀阁(赵师秀,永嘉四灵之一,代表作《约客》),还有以大数学家苏步青命名的会议室步青厅……

平阳黄汤虽然我没有喝出贡品的口感,但这里的红木桌椅却似乎达到了"皇家水平",价值约九十六万元。这里的消费价格不高,楼上小包厢茶加茶点才花费一百多元;能容纳三十多人的会议室,四小时费用约六百六十元。

105

有个电影桥段说了一对夫妻下班后不约而同躲到小卖部消磨时间,指望对方烧好菜再回家。对于不会烧菜的人来说,下班后回家的时光着实难熬。我每每在挥舞大铲时感慨,给我一个全能烧菜机器人吧。冥冥之中,还真有一位温州女人听到了我的祈祷。她在上海开了一家没有厨房、没有厨师、没有明火的"1号灶头智能快餐店",采用的是通过众筹研发的智能快餐设备。四台设备将煮、蒸、炒、炖、炸、烤等功能全部包揽,一百分钟内可接待一千余人用餐,还能现炒现供五十多种色香味俱全的菜品。

有研究智能烧菜的,就有研究智能煮面的。也是一位温籍企业家,前后投资了三千多万元,放弃经营多年的餐饮企业和其他产业,研制出了智能煮面机器人,能在六十秒内煮出一碗自带保温包装的面。发明人声称:"智能机器人的优势是煮的面口味稳定、全程品控、安全放心,一百碗面,煮出来的味道是一样美味。"

106

眼科医生应该都有一双锐利的眼睛和精细的双手吧。多年前,我的一位朋友被医学院眼科教授看中,原因就是教授发现她的手特别稳,适合做眼部手术,后来她成了温州"白内障手术一把刀"。2017年2月,温州一个出生才两个多小时的婴儿成了世界上年龄最小的泪小管断裂吻合手术患者。医生要找到两百微米粗的泪小管已属相当不易,还要用比头发丝还细的线把断裂的泪小管连起来,着实是精细活。

幸好,手术很成功,孩子避免了终身泪眼汪汪的命运。

107

瓯菜以海鲜为主,鲜见猪牛羊等红肉。海鲜富含优质蛋白和各种营养素,爱吃海鲜的孩子一般不大会长成大胖子,难怪温州孩子的身材相对比较匀称,小胖墩的百分比低于全省平均水平将近一半。身材倒是匀称了,但体质却有缺陷。中学生体能类和力量类体质健康测试,温州在省内排名是倒数。

这几年,温州一方面大力开展场地建设,从前建个体育馆都要集资,现在体育场地面积全省第一;另一方面在市区开展健身消费补贴活动,市民持本人市民卡到定点体育场所参加健身运动或体育技能培训,刷卡消费可以打八五折,剩余的 15％ 由政府买单。政府主观上是促进体育消费,提高市民身体素质,客观上让一大批民营体育运动场所走进了公众视野,算是一次极好的免费广告。

108

温州人不但手巧、脑活,就连运动项目也"讨巧"。什么射击、游泳、体操、蹦床、羽毛球,温州人在奥运会、世锦赛上都是剑走偏锋型,还屡屡出个三冠王、四连胜啥的。难怪温州小孩练体操的风气那么盛,一个民办幼儿园把孩子们的小胳膊、小腿练得像面条一样,年年到北京会演,想进园"篮子"还不好提。

提"篮子"是温州方言"挈篮儿"的普通话翻译,意为受人委托替人帮忙。因为请人帮忙总要提个篮子装点礼物吧(这个说法很形象）。通常，"篮子"的分量可以考量一个人在社会上"吃得开"的程度。温州是个人情社会，干什么事都喜欢找熟人。外来官员上任搞政府效能革命、改善营商环境等，第一个抓手常常就是"改变办事提篮子的陋习"。

109

这些年，羽毛球运动盛行，出了数个世界冠军的温州当然也不例外。在温州，球友好找，球馆难寻。类似体育中心的公办球馆屈指可数。稍有点路子的人，找块闲置的旧厂房、空地，铺上地垫拉上球网就有人来打球。有的甚至是在旧房子上临时搭建的铁皮房，夏天打球能闷死人。即便这样，也照样有人挥拍如雨。加之温州老板会做生意，一向是价格便宜，服务好，场地实在是供不应求。

民办临时场地最悲剧的就是"不长命"，不断被列入拆违建、旧城改造的名单，以至于很多球友从城市的"一环"打到"五环"，有的球馆头天晚上还打得热火朝天，第二天一早就被推土机推成废墟。在第八次面临寻馆之困时，某业余球队队长指挥球友作文以纪之："这是一支让人闻风丧胆的球队，所到之处，老板闻之色变，球馆片甲不留，故有'拆迁大队'的恶名。"一群在温州羽毛球界毫无名气的业余爱好者，以十年拆八馆的惊人速度，书写了温州大拆大整的传奇经历，在温州羽毛球史上留下了浓墨重彩的一笔。

110

早几年,温州房价确实高,鹿城广场曾经直逼每平方米十万元。在杭州房价均价只有每平方米一万六千元的时候,温州已经炒到了每平方米两万一千元,同期的上海房价也刚每平方米两万元出头。

都说温州炒房团走到哪就把哪儿的房价炒高了,其实这几年金融风波,很多人资金链断了,捏着房子日子也不好过。2017 年 4 月,淘宝网司法拍卖频道对温州市中心一栋楼里的四十六套房进行拍卖,起拍价三千三百五十万元,而实际评估价达五千五百万元。之所以这般贱卖,只因为这四十六套房全部属于一个人。一个人啊!他把房子全部抵押给银行,却无力还款,只能像农民卖烂白菜一样贱卖了。

不过,经历金融风波后,温州楼市理性了很多。

111

最近两年,随着网约车和拼车软件的兴起,拼车变得司空见惯,而温州人早在十几年前就开始拼车了。稍微远一点的路程,司机都要求客人拼车,期望能多赚点,比如从机场到市区,从市区到各县区,都有各种拼车。市中心打车,客人有时也愿意选择拼车,温州出租车车费一向高于兄弟城市,多年前起步价就是十二元,拼车可以打八折。

外地的出租车一般是公司化运营,司机多为本地人;温州的出租车却多数属于个人,车主一般都把车租给外来人开,赚取租金。租车人为了赚回成本,只好多拉客。据说当年一辆出租车的营运权价值为一百五十万至一百六十万元,凭借一个营运证到银行可以贷款六十万元,一些老温州人不惜卖房甚至贷款拍下一辆出租车,指望着未来衣食无忧。谁知这几年行情一路下滑,亏大了。

112

温州是个半夜有吃有玩,充满市井烟火气的地方。早年温州人喜欢夜生活,半夜三更,穿着睡衣呼朋引伴到大排档吃夜宵是特别惬意的事。市中心到处是排档、流动摊点的灯光,凌晨二四点还有人吆喝着猜拳喝酒。温州"睡衣党"大概就是从那时候慢慢出名的,以至于十几年后,外地的朋友还向我打听温州"睡衣党"是怎么回事。

113

温州男人不小气,特别喜欢给女人送礼物,遇到七夕之类的特殊日子,绝不会寒碜。七夕那天,鲜花满街跑,保安、外卖员都兼职送花。温州人连送花都喜欢跟风,电影《一生一世》公映时,流行送十一朵花,有钱人送一百一十一朵;电视剧《三生三世十里桃花》热播时,流行送"三十三朵",几平方米的小花店半天能卖出几十束"三十三朵"。眼下,温州女人盼着再流行一个"六六大顺"或"九九归一"的热播剧,温州男人却只想重映《一生一世》,送一朵有好彩头,送十一朵也能承受。

114

温州人骨子里透露着一种浪漫情结,这使得他们的一些创意常常出人意表。2016 年,云南温商花五十亿元打造了一个爱情小镇。小镇里有水体公园、湿地公园、森林公园、温泉、欧洲小镇、高尔夫球场、千亩花海、沙滩海景、马术俱乐部等,满足了女人的各种小心思。爱情小镇不但卖美景,还卖平台,签约摄影师只需带新人来拍摄,无须操心服装、化妆、住宿、后期制作等烦琐的事,此举一下子吸引了超过十万名国内摄影师签约。这位温商说,土地是稀缺资源,做房地产盯着房子本身找利润是有限的,关键是赋予其更高的附加值。世人只看到温州人"炒"过的房涨价了,却没看到他们在提升房子附加值上所做的各种努力。

115

多年前,温州人想着生活在别处,不惜偷渡出国讨生活。如今,温州也成了不少外国人"最喜欢的中国居住地"。一位意大利女士本来好好地在北京做电台主持人,因为看了"中国乡土文化"系列丛书中的楠溪江专题,就急巴巴地在大年三十坐飞机到了温州。有个女老板请她吃了分岁酒、陪她爬山,她就留在温州当教授了。

116

温州山美、水美、姑娘美，让人文思泉涌，尤以大诗人袁枚为最。清乾隆四十七年（1782），袁枚从雁荡山游到温州城区，一路走一路写，一趟温州行共创作诗四十来首，文十几篇。六十七岁的老诗人像少年一样激情冲动，特别钟爱玉女峰、观音洞等景点，"莫道玉人长不老，秋来也有鬓边霜"，不但写诗赞玉女峰，还编造《雁宕仙女》故事，满足自己与仙女双宿双飞的梦想。

温州出美女，袁枚称"明眸皓齿好身材"，可惜"温州虽多佳丽，而言语不通"，他幻想"安得巫山置重译，替郎通梦到阳台"。听说温州有新娘子"坐筵"的奇特婚俗，他与弟子兴冲冲地去观礼，回来唰唰唰地写了六首《温州坐筵词》。

117

说到"砖头"大哥大，当年可是温州有钱人的标配。那时候，"爆炸头"、喇叭裤、手拎放歌的录音机是温州街头"后生儿"的行头；而身穿有 logo 的 T 恤、手持大哥大吆五喝六是温州老板的画像。"砖头"整天捏在手上也累，为了显摆，当时还流行"大哥大手提包"——能放入大哥大，但它的小天线又可以外露，人家一看就知道，很神气。

20 世纪 90 年代，一部大哥大落地价不低于两万八千元。那时候，手持大哥大，腰别 BP 机，往人群中一站，那就是一枝独秀。

我的"地瓜爷"在投资移民出国前,特地把一个黑色大哥大留给我们,说这个很值钱,内部价一万多元,当时温州比较高档的住宅伯爵山庄的房子大约三十万元一套。他走后,世事变迁,我们工作第二年就买了第一只手机,飞利浦的,小巧又实用。那个"砖头"大哥大在我们几次搬家中,早已不知失落在哪儿。

118

这些年停车难是共性难题,寸土寸金的温州市区更不用说了。好在温州到底是温暖之州,一些解决问题的小举措也是很暖心的。比如桂柑社区是温州成型最早的商品住宅小区之一,里面住的多是老人。为了鼓励子女常回家看看,小区推出"亲情车位",但凡来探望老人的子女,都可以免费停车两小时,超过两小时,象征性地收取五元停车费。要知道,小区外面的收费停车位一般都是二十元一次。

119

出租房子一般总有些赚头吧,这几年有关征收房产税的新闻很多。前些日子去温州市区飞鹏巷的马孟容马公愚纪念馆,听导游描述了一件往事,让人心生感慨。1952年,在上海的马公愚先生给友人写了一封信,大意是他在温州的一处房产租给派出所,租金全年约一百一十四万元(旧币,当时的一万元相当于1955年币值改革后的一元),而一年的房产税约一百三十七万余元,两者相抵,还要倒贴约二十三万元。马公愚担心第二年税负若再增，将何以堪！

若是马前辈的遭遇在现代重现，炒房团估计就不成团了。

120

温州水牛跟别的牛不同，它个头娇小，性情温顺，吃得少，却不但是犁田好手，还是中国优质好奶牛，温州水牛牛奶含脂率是黑白花奶牛的三倍多。有朋友生二胎后还在哺乳期，就天天东奔西走拼命工作，有人赞她："你真是温州水牛啊。"

121

温州人订婚喜糖超隆重。有大小糖之分。小糖基本上是见者有份；大糖送给关系好的亲朋好友。小糖的标配是一袋大白兔或者阿尔卑斯奶糖；大糖则是各种糖果、巧克力、饼干，分置于不同的盒子里，凑成很大一包，一个女生是拎不动的。最近收到的一份大糖里不但有新人亲手制作的手工糖、饼干、多肉植物，还有五百元的红包。

温州有些地方的订婚仪式也很隆重，基本等同于结婚。订婚后小两口就可以正式住在一起磨合了。类似"孩子跟爹抢亲的事"在温州并不鲜见。婚礼进行曲响起，新郎独自上台，向亲友挥手致意，新娘却全程未现身……新娘去哪儿啦？生孩子去了。

122

温州人生儿子当然很"惨"——儿子结婚必须要准备一套房子。果然是丈母娘推高房价呀！温州人结婚到底要多少钱呢？有人粗略计算了自己的婚事开支：新房花了三百五十万元，装修三十万元，聘礼和女方首饰三十万元，红包喜糖二十万元，婚庆礼仪十七万元，总计四百四十七万元。其中他个人拿出了三十万元的积蓄，剩下的都由父母承担。另外，男方家花费四十多万元办酒席，还好人情收回与之相抵。

有位陈先生原来是开服装加工厂的，生意好的时候，给大儿子在杭州买了房，给二儿子在宁波买了房。大儿子结婚花光了积蓄，如今生意不好，服装加工厂关门了。二儿子要结婚，他把厂里的设备、存货清理了才凑到三十多万元。现在自己借住在亲戚家，因为乡下新盖的房子没钱装修，市区的房子要出租，租金帮大儿子还房贷。

差点忘了，温州早年还有娶媳妇要送一斤金的习俗。

这真是娶个媳妇回到解放前啊！

123

按照温州很多地方的婚俗，不仅男方开支巨大，女方支出也不菲。

几年前，有网友发帖称：我是温州柳市的，跟老婆订婚，陪嫁车三十一万元，一套商品房。家里家具和电器是老婆买的。老婆生孩子前，丈母娘给了一万元，说是给宝宝买日用品、衣物。儿子出生后，丈母娘给了一万元请月嫂，以后每个月两千多元的保姆费，丈母娘负担一半。儿子周岁摆酒，丈母娘又买了两套金饰，价值两万多元，还包了两万元的现金红包。身边朋友的情况也都差不多。此帖在网上引发热议。"仇恨派"说："男人这么被老婆贴，多没面子。"更多的人是跃跃欲试："温州人嫁女儿赔上几十万元，都去温州抢新娘吧。"

难怪当年公婆不待见我，因为按照我们那儿的风俗，嫁女儿，男方是要给彩礼的，毕竟人家辛辛苦苦养大的女儿要嫁到你家。结果是婆婆既没给我妈彩礼，我妈也没陪嫁一辆车，生孩子后双方父母都当了甩手掌柜。

124

温州婚俗负担重，殡葬人情也重。年轻人外出奔波赚钱，不但没时间孝敬父母长辈，孩子还需要父母帮衬。待到父母逝去，"子欲养而亲不待"，也许是出于弥补心态，温州人常常大办丧事，花圈成堆，流水宴席排起来，一场丧事少则花费几十万，多则百万元。难怪温州这几年要力推移风易俗。

早年，不少温州人在外赚了钱，第一件事就是回乡给祖坟翻修扩建"椅子坟"。一座豪华的"椅子坟"通常占地几百平方米、耗资百万元。最严重的时候，一个山头的"椅子坟"多达数百座，远远望去，白坟点点。人称"漫山遍野椅子坟，全世界都有温州人"。经过这些年的整治，温州的"椅子坟"少了，不过，很多青山留下了许多癞痢头似的疮疤。

125

苍南人先订婚,再结婚。订婚酒不收红包,邀你白吃;结婚酒红包不全收,你送一千,新人收二百,还回礼。

说到这红包,温州人的大红包其实与早年温州的金融意识萌芽有关。二十多年前,温州企业发展快,但银行贷款不方便,民间就流行一种集资模式——大家把手头闲钱交给需要的人,收取利息。后来,这种民间集资模式被打压。一些人家里要办大事,手头紧,亲友就采取多送礼金的方式来帮补,待到亲友家办大事的时候,大家也会根据行情把当初的礼金略加一点还给该亲友,这个"略加一点"大抵相当于利息吧。

126

温州人算是改革开放后中国较早富起来的一批人。世人常有错觉:"土豪"温州人有钱没文化,都是大老粗。亚马逊中国发布了 2016 年度阅读榜单,温州入围"挚爱阅读城市榜"。温州人真的爱看书吗?我认为准确的表述应该是温州人爱给孩子买书。在温州人最爱买的十本书里,少儿读物占了 50%。早年发迹的温州人其实受够了没文化的苦,所以特别舍得在孩子的教育上花钱。很多温州人在杭州、上海买房,不是为了炒房,而是为了送孩子去读书,一不小心成了炒房团。阿里研究院发布的《2018 年度县域网购橙皮书》显示,餐饮业发达的温州十一个县(市、区)没有一个具备"吃货"气质,却很追求"精神食粮"。乐清是全国最爱网购书籍的地方,2017年的购书额超过四千万元。

127

一个家庭有没有文化,去书房看看便知,而"城市书房"就是一座城市不灭的文化明灯。在温州,随身携带一张市图书馆借书证或市民卡,逛街累了,想找个只聊天不消费的高雅场所?去附近找一家城市书房。家里人来人往没法静心备课、写作?去小区城市书房。离家出走,深夜街头踟蹰无处可去?去二十四小时不打烊的城市书房。这些年,温州城市书房像雨后春笋般兴起。冬夜走在寂寥的街头,城市书房里昏黄的灯光温暖了路人的心。

这些城市书房除了五家由旧图书馆改造外,其余均由街道、社区、企业等参与建设,基本上是当地提供场地,市图书馆提供图书和维护。毫不吝啬地把一个年租金几十万元的店面拿出来办书房,也是温州人爱文化、爱公益的一个表现吧,再说,这也是一件倍儿有面子的事。

128

如今,一不小心,城市书房就成了温州的文化品牌,不仅申请了商标和专利,更颁布了地方标准。城市建书房,乡镇建百姓书屋,还有大大小小的文化驿站,都被列入了为民办实事项目。有人小范围调查过,在历年的为民办实事项目中,建设城市书房口碑最好。截至2018

年2月,全省推广并建成了一百三十三家城市书房,全国也有四十个城市在复制,大家都惊叹,原来温州人不光有钱,也很重文化啊。

129

温州人特别愿意分享,你如果向一个温州人打听生意经,他肯定会倾囊相授。就连城市书房,温州人也觉得自己有,兄弟也得有,于是带着专业团队,跑去给自己的结对城市格尔木建起了青藏高原首个城市书房。2019年一开年,漂泊欧洲的温州人出资几十万欧元,把城市书房海外版——"都市书房"开进了意大利普拉托,也是二十四小时不打烊。这个书房自然是为认得汉字的人服务的,因为里面的书都是中文的。

130

温州人爱读书,旅居温州的外地人也爱读书,最有名的应该是百年前的江西人符璋。他长期寓居温州,曾任民国《平阳县志》总纂等职。嗜书如命的他一生手不离卷,读书之多,当时在温州推为第一。符璋每到一地,必光顾书店,可又因囊中羞涩,不但无法多买,连到手的也要忍痛割爱。好在后来有了图书馆籀园,他便常常一次借上百本书,是"借书状元"。一代词宗夏承焘曾回忆说:"温州读书之博无过先生者。"符璋的日记存在温州图书馆,日记里有关书籍评论、介绍和版本收藏的内容俯拾即是。

131

前几年,《芈月传》很火爆,作者蒋胜男以其年度版税收入一千三百五十万元斩获第十届作家榜第八名,是温州作家首次登上这个榜单。我和小蒋以及几位女友是二十年的饭友,当年几乎是隔周一聚。那时候,温州流行去茶楼喝茶兼吃饭,AA制,每人花不了几十元,常常一坐到深夜,服务员加茶加到手软,最后干脆拿走茶壶不露脸。在我们吃"垮"了多家茶楼后,茶楼逐渐退出温州餐饮市场,让人甚是惆怅。

132

从经济角度来看,网络作家是个高收入行当。目前温州网络小说作家和写手约有两千人。据透露,温州知名网络作家年收入都有百万元,粗略计算一下,单单稿费一项,温州网络作家协会的一百多位会员的产值就达三千万元。果然是哪里赚钱哪里就有温州人啊。

133

"林斤澜短篇小说奖"是第一个以温州人命名的文化奖项,也是全国唯一一个以短篇小说作者为评选对象的文学奖项,颁奖地永久设于温州,获奖者有刘庆邦、王蒙、苏童等。在第四届"林斤澜短篇小说奖"颁奖典礼上,获奖者毕飞宇说:"大家都知道,莫言 2012 年已获得诺贝

尔文学奖,经过六年的努力,他终于获得了林斤澜短篇小说奖。"这个
获奖感言一下子取悦了所有温州人。获得林斤澜短篇小说奖后,莫言
又对温州说了两句妙语,一是"无论在多么偏僻的城市,在多么遥远的
国度,我们都能吃到温州人做的饭,买到温州人做的商品,看到温州人
热情、美丽的面孔";二是"作家'王手'这一笔名,代表了温籍作家的野
心和追求,他们的手都是'王手','文学之王'的手"。

134

眼下世人皆知温州人会做生意,殊不知,浙江有句老话:"做生意
靠宁波人,打官司靠绍兴人,读书看温州人。"有一套"浙江小说 10 家
丛书",其中五册是温籍作家的作品。跟中国传统的专职作家不同,温
籍作家大多是业余的,有的甚至一边做买卖一边写作。所以有的作品
提到开店、办厂、讨债等市场经济生活故事,往往就是作者自己的亲身
经历,所塑造的人物形象,也或多或少具有温州人敢于闯天下的特征。

2000 年,莫言应温籍作家张翎之邀,为其书作序,其中的一句
话——"地球上有鸟儿飞不到的地方,但没有温州人到不了的地方"被
广为流传,有了诸多版本,成为温州人敢闯天下的经典写照。

135

松糕是温州传统美食之一,用红糖、糯米粉加上红枣、花生仁、莲
子、芝麻、桂花等上火蒸熟,厚度大约五厘米,五片花瓣的形状,分成白、
棕、黑三种颜色,吃起来特有嚼劲。老温州人嫁女儿,除了大包小包的

温州有意思

糖果,还要有一只厚厚的松糕。温州有种中华名小吃叫"矮人松糕",听说是因当年创制美味松糕的大师个子矮小,只有一米五几而得名。

有"矮人松糕"就有"长人馄饨",都是中华名小吃,当年的掌柜大约是个高个子。温州的大馄饨很特别,皮都是手擀的,皮薄越如纸越见功力。嫩红的肉馅鼓鼓的。汤料更讲究,有紫菜、蛋丝、榨菜、青菜、浸酒虾米等,汤清见底。温州人到外地常常喜欢点馄饨,一端上来就要大叫:"我要馄饨,不是饺子。"店家说这就是馄饨啊,温州人就是不肯,哪有皮这么厚的馄饨?

松糕与松糕鞋

136

真奇怪,温州很多美味小吃是根据老板体型或特点起名的,除了矮人松糕、长人馄饨,还有扁头灯盏糕、眯眼虾子、白蛇烧饼、双生姆镬溜儿。卖虾的是个眯眯眼,卖镬溜儿的是一对双胞胎,而白蛇烧饼自然跟美女有关。

位于市区解放街和鼓楼街交叉口的灯盏糕,我常常吃,但我以前不知道这就是大名鼎鼎的扁头灯盏糕。老公是土生土长的温州人,当年超喜欢吃这个外形酷似古代扁圆形菜油灯盏的小吃。每次排队等半天,买到一个,咬一口,总要眯眼赞道:"酥松脆甜,人间极品!"其实我不太喜欢这种油炸食品,但老公说小吃中只有这个里面有萝卜丝、肉馅、蛋黄。荤素搭配,营养正好。不用说,当初的老板的头应该比较扁。

137

说到盘菜,知道的人肯定不多。温州的盘菜长得扁扁的,外地人一般都以为是萝卜。盘菜用大葱叶炒,入口即化,孩子们都比较喜欢。用盐腌起来做成盘菜生,爽脆美味,口味重的人还可以蘸点酱油醋。因为盘菜跟萝卜很像,有一次我给一个街拍视频写稿件,取了个标题叫《萝卜的妈妈是盘菜?》。

138

温州人超喜欢吃酱油醋,家家户户餐桌上必备。去酒店吃饭,服务员一般也是先把酱油醋倒上。早些年温州人也喜欢吃味精,所以这酱油醋里多半会放些味精、白糖,味道酸酸咸咸,比较重口味。温州多海鲜,烧菜多半清淡,很多海鲜就是加两片生姜除味,清水煮开就能上桌,需要蘸点重口味的酱油醋也就不奇怪了。糟糕的是,吃惯酱油醋的温州人到外地吃饭,不管点什么菜,第一件事就是要求来一碟酱油醋,结果服务员先上一碟醋,不对,还得有酱油,再上酱油,又不对,两个要调配起来。服务员没好气地说:"怎么调?酱油多点还是醋多点?"点的就是大白菜、红烧肉,该放的厨师都放过啦。

温州人吃饭少不了酱油醋

139

我的故乡在内陆,小时候除了偶尔吃个炒螺蛳,极少吃带壳的菜。来温州之后,我发现几乎餐餐有硬壳的,什么钉螺、花斑蛤、花甲、文蛤、血蛤,除了后两者价格稍贵,其他都挺便宜,烧起来也方便。我单位食堂里,两荤两素六元钱,很长一段时间,炒钉螺、炒花斑蛤都只算素菜。

我第一次见人吃钉螺就是在单位食堂。一个领导坐在我对面,一直使出吃奶的劲想把钉螺里的肉吸出来,一米八的大男人吸得两颊深深地陷进去,脸红脖子粗。我一来不知这玩意儿究竟有什么好吃,二来觉得这吃相太不好看,所以来温州头几年,我从不点这道菜。后来有人告诉我,吸不出来的要么是没烧好,要么是尾部剪得不到位,只要在尾部轻轻吸一下,再从上面吸肉就轻松了。温州有一家海鲜排档叫"带壳的我都喜欢",多年来生意都还过得去。

140

温州人爱吃海鲜水产,也喜欢变着花样"折腾"水中生物。外地人吃螃蟹,无非就是蒸一蒸,蘸点姜醋。新鲜的螃蟹,温州人可以用清水蒸,肉质鲜嫩细腻;也可以跟小排骨一起蒸,让螃蟹吸走排骨里的味道和油脂。不仅排骨不油腻,螃蟹味又浓,类似做法是把螃蟹跟酸菜或番薯一起蒸,还可以做成江蟹生、炝蟹等。

江蟹生是温州独有,实际上就是生江蟹,属于瓯菜冷食。把新鲜的螃蟹先冷藏一下,再精心切块,用醋、酱油、黄酒、味精、糖等各种调

温州有意思

料秘制。吃起来不粘壳不带腥,噘嘴轻轻一吸,蟹肉便脱离蟹壳滑入口中,酸、甜、咸、鲜,一道菜能刺激味蕾的各种感觉。我刚来温州时,唯有这道菜最能解馋。部室会餐,主任每次为我点此菜,有一次店里没有,主任亲自下厨做了一道江蟹生,放冰箱里腌渍一个小时,跟最后的甜点一起端上桌。

都是拿螃蟹做原料,温州人还有一道特别喜欢的菜叫"炝蟹"。炝蟹是腌制过的咸蟹,蟹是刚打捞上来的新鲜蟹,洗净后,用老酒和盐水腌一个星期,再直接冷冻,这样方便切,不会散。早些年效益好的单位给员工发福利,有炝蟹就是大礼包了。不过,这炝蟹既鲜又极咸,我尝试过切盘冷吃、蒸熟吃、用清水泡几天再吃等各种方法,都咸得无法入口,只好眼睁睁地把膏黄肉肥的螃蟹交给垃圾桶了。

蟹的各种吃法

141

武汉人喜欢吃鸭脖,温州人喜欢吃鸭舌。鸭舌不仅是温州酒店餐桌之必备,与江蟹生同为"哼哈二将",更是温州人送礼之佳品。当年"跳水女皇"伏明霞来温州比赛,初试鸭舌便欲罢不能。

142

我刚来温州时,公公教我烧菜,其中一道是血蛤。公公谆谆教诲:"水烧开,蛤放进锅里,从一数到七,就要把蛤迅速捞起来,这样的蛤不难打开,而且血都存在里面,吃起来补血养颜。"哪有一道菜只用烧七秒的? 我慢慢数到十二才捞起来,结果贝壳全部打开了,血都流在汤里,白白浪费了一盘菜。他摇头道,这个生吃就很补血,烧一下不过是为了方便打开。

在温州,像血蛤这样的生食可以报出一大串来,诸如鱼生、虾生、虾蛄生、盘菜生、豆腐生等。第一次在公婆家吃中饭,各种生菜上来,我只管大快朵颐。到了下午,婆婆悄悄问我:"有拉肚子吗?"我摇头。"肚子也没痛?""没有。"我老老实实地回答。她长叹一声说:"你生来是要给温州人做媳妇的。"据称,外地人第一次吃江蟹生之类的温州生食,没有不拉肚子的。

143

浙江是绿茶产地,西湖龙井、永嘉乌牛早、泰顺三杯香、开化龙顶……诸多绿茶区域品牌。阳春三月,单位组织到浙江各地考察,一路喝的都是清汤绿水的新茶,我正感叹新茶果然香时,身边的老温州人说:"说明你还年轻啊,胃好。温州人多食水产品,一向胃寒,受不起这一路的新茶。""那喝什么?"我傻傻地问。"喝酒——白酒、老酒汗。吃海鲜时,喝酒可以杀菌排毒兼暖胃。"

144

温州自古酿造业发达,最早出土的酒器类文物是西周的。据《宋会要辑稿》记载,宋熙宁十年(1077),温州年造曲量是帝都东京的四分之一。在烹饪中广泛使用黄酒做调料是瓯菜的重要特点,因为瓯菜食材多新鲜,讲究口味清鲜,尤擅鲜炒、清蒸、煮汤等。瓯菜少用油盐味精等调味,主要依靠老酒去腥提鲜。在我看来,温州人烧菜,逢菜必放老酒,有的人连炒蔬菜、鸡蛋都不放过。

145

温州女人一般婚前不大会喝酒,生完孩子后酒量大增。因为温州女人坐月子的时候,每天要喝很多酒——姜酒。怀孕的时候,长辈就买来老姜,蒸熟、晒干,再蒸再晒,如此反复九次,是谓九蒸九晒。产妇每天要喝一大碗"红糖＋九蒸九晒姜＋老酒"的"热饮料",四十天的月子里要喝多少酒啊。我不胜酒力,这一碗酒下去,立马满脸通红,晕头晕脑,昏睡一整天。我高度怀疑,温州人给产妇喝酒一是为了暖胃,另外一个估计就是方便让她们昏睡。

　　龙湾永强等地还有专门制作月子酒的,入了温州市非物质文化遗产名录。如果你去大名鼎鼎的永昌堡,一定不要忘记喝一碗郑家园的麦麦酒。当然,这麦麦酒跟麦子没关系,它其实是姆姆酒,温州话"姆姆"是小孩子的意思。姆姆酒就是给产妇喝的月子酒,是由乌豆、北枣、当归、枸杞、红糖等炮制的黄酒。温州民间认为,麦麦酒性温,有祛风避露、补充奶水、滋补益母的功效,有利于产后恢复元气、养颜补血。

麦麦酒

温州有意思

146

家中喜添丁,亲友要上门吃"纱面汤",或叫"素面汤""索面汤"。这纱面就是小麦做的细细的面条,又叫素面。永嘉文成、瑞安等地的素面据说还出口到欧洲各国——顾客基本上都是温籍华侨,买面是为了解思乡之情。每到晒纱面的季节,永嘉等地的古村落里都会汇聚很多摄影爱好者,他们透过光影,拍摄人在纱面丛中穿行的场景。

这面倒没啥稀奇,这汤就够味了。严格意义上的纱面汤是不放水的,煮熟后捞到碗里,碗里放半碗老酒、虾干、榨菜、肉丝等。面好吃,汤好喝,温州人判断月嫂好坏的标准之一是看她的纱面汤做得是否好吃。

我第一次吃纱面汤,觉得太美味了,连面带汤吃得精光,出门后不过步行五十米,就满脸通红,寸步难行,靠着路边的电线杆,半小时后方踉踉跄跄回了家。温州交警经常查到因司机吃纱面汤、醉蟹、生醉牡蛎、酒醉鳗鱼、啤酒鸭等菜品的酒驾事件,因为这些菜在温州都是常见又美味的。

晒纱面

147

温州值得推广的区域美食太多了,有一年,我整理过"一道美食一方产业",包括湖岭牛肉、怀溪番鸭、文成拉面、洞头猫耳朵、永嘉麦饼、永强泥蒜、清江三鲜面、泰顺苦槠豆腐、楠溪江素面、平阳炒粉干、平阳黄年糕等。每个地方几乎都有自己的美食,缺的是向外推广。旅游部门也曾经评出"百碗特色美食",一百碗没法一一列出,不过,温州十大特色旅游美食可以列一下：温州鱼丸、三丝敲鱼、鲜肉馄饨、永强泥蒜冻、盘香鳝鱼、瑞安扎羊、岩头锦粉饺、白落地温蛋、怀溪番鸭、矾山肉燕。

148

在这里顺便普及一下，肉燕跟燕子没有关系。它是百余年前由福建传入的，苍南人称肉燕制作工艺为"肉包肉"，像敲鱼、敲虾、敲肉羹一样，肉燕也是"敲"出来的美味。猪后腿精肉被捶打成皮，再包肉，就成了肉燕，我感觉应该叫燕皮馄饨。类似的温州名小吃还有永嘉的芙蓉鹅头颈，跟鹅也没关系。据说在贫困年代，家里做这道小吃的时候，迫不及待的孩子们会伸长脖子趴在灶台上等，像一只只伸长脖子的鹅，所以就有了"鹅头颈"的叫法。

149

温州人善于利用边角料。比如皮革边角料被做成宠物用品，远销海内外；人家看不上眼的鸭舌、鸭掌做成知名食品，成了温州人的伴手礼；很多地方的人都弃之不吃的猪大肠、猪血，在温州做成了关乎乡愁的猪脏粉。据说有华侨回乡，家都来不及回，拖着行李箱就上街找猪脏粉吃。温州人太爱吃猪脏粉了，以至于他们漂洋过海都离不开它。

我第一次吃猪脏粉，真心难以理解，猪肠臭臭的，黑乎乎的猪血看起来也可怕。本地朋友说，你得去仓桥巷吃正宗的猪脏粉，洗得干净，没异味，汤清味浓，粉干有韧劲。

据说，一开始开猪脏粉店的是仓桥巷的林家老师母，20 世纪 70 年代开始，店名、招牌什么都没有，就是一碗猪脏粉。由于选料讲究、价格公道，渐渐名声在外。后来，老师母跟着小儿子搬到西城路，又开了一家猪脏粉店，仓桥店就留给了二儿子。起初西城店生意不好，小儿子灵机一动，取名"老仓桥猪脏粉"，立马生意红火。

猪脏粉

150

说到吃鱼，各地不一样，温州人最爱的鱼是小黄鱼，据说它能补益肝肾，对肝血虚、视物昏花和雀盲眼有功效。来温州吃瓯菜，清蒸小黄鱼少不了,我的女儿上幼儿园之前,每顿饭两条小黄鱼都不够吃;其次就是常常被敲打成鱼丸、鱼饼的鮸鱼,新鲜的鮸鱼也可将鱼肉切片,加一点点醋清蒸,肉嫩刺少,特别适合孩子。剩下的鮸鱼骨红烧一下,也是一道美味。

151

把鱼敲成片,把鱼捏成丸,把鱼做成饼,不是温州人,几乎难以想象,鱼怎么能被折腾成这样。

来到菜场,顺着梆梆的声音,你就能找到敲鱼、敲虾的摊位。新鲜白净的鱼肉或虾肉,在肉锤的敲打下,渐渐薄成一张纸。买两张回家,切丝做成敲鱼汤,再加些醋、辣榨菜、胡椒粉,那叫一个酸爽。或者加入菜梗做成炒敲鱼,一样制作简便还鲜嫩、无刺、有嚼劲。

百度一下“丸”字,意思是“小而呈球形的东西”,温州的鱼丸却不是球形的东西,它的形状是不规则的,或者勉强说是长条状的吧。一碗好的鱼丸汤,汤头透亮,味鲜微酸辣,鱼丸咬下去有嚼劲又有韧性,而且没有腥味,老少咸宜。1998年温州鱼丸入选中华名小吃。

152

温州鱼饼和鱼丸一样,乃温州独有。据说手工制作温州鱼饼早在汉朝就有记载。现在,鱼饼已经可以批量生产,鹿城、苍南、瑞安、龙湾都是出产鱼饼的兴旺之地,制作的手法不同,各地风味也有差异。鹿城的鱼饼以阿外楼酒家的最有代表性,口感绵软微甜,量产的永高鱼饼是幼儿、老人的心头好。苍南派鱼饼以马鲛鱼为原料，一块块炸得外黄里韧，我比较喜欢，保存也更方便。鱼饼、鳗鲞、白片肉和虾干，都曾是温州人酒桌上的指定冷盘。

取鱼清洗

去骨刮肉

加料

加淀粉抓捏

盖保鲜膜，反复敲打

下锅清蒸

温

温州鱼饼

153

也许就是因为温州美食太多，温州人把很多用嘴的动作，都说成"吃"，比如，吃开水、吃茶、吃饮料、吃西瓜汁、吃汤、吃酒水、吃香烟。

依靠某种事物或职业生活的，也叫"吃"，比如，吃墨、吃官饭、吃老本。还有吃劲、吃一拳、吃批评、吃便宜货、吃花生米（指被枪决）、吃救济粮（指考试低于平均分）等，"吃"字处处开花。

154

温州人对豆腐脑的喜爱不亚于江蟹生、鱼丸，他们对豆腐脑的称呼更形象点，叫豆腐软。喜欢吃豆腐脑大概就是喜欢它的软嫩丝滑。市区最有名的豆腐脑店是环城路的"陈翁记"，像很多老字号一样，这家小店几十年主打一碗豆腐软，一天能卖上千碗。从街边的小摊档到坐拥两个店面，深夜还有人驱车前来，把一碗豆腐软做出品牌形象，并注册了自己的商标，"陈翁记"是温州味道的一个传奇。

155

糯米饭配甜豆浆（豆腐脑）或者紫菜汤，是温州人钟爱的早餐，也因为温州人对糯米饭的喜欢，很多餐馆的糯米饭变成了全天候供应。几乎所有的温州人，对糯米饭都有一种情怀。盛一碗绵密的糯米，淋上一勺喷香的香菇肉末汤汁，再撒上一点油条碎，有的店家会加上肉松，最后依据个人喜好选择撒上葱末。吃之前搅拌一下，伴着汤汁、油条碎、香菇肉末，一勺入嘴，回味无穷。

156

走在温州街头,到处是"清江三鲜面"的店招,每个都说自己是正宗的。当然,真正正宗的估计要到乐清清江人民北路的三鲜面街去找了。清江三鲜面味道鲜美,这种鲜美不是味精、酱油调出来的,纯粹是当日采购的海鲜本身的味道。一碗招牌三鲜面,配料包括小黄鱼、跳鱼、白虾、牡蛎、蛤蜊、蛏子、姜丝蛋散,堆在面条里,各种鲜美混成一种爽滑。新鲜的海鲜都是肉质坚实还带微甜,而姜丝蛋散微辣暖胃,正好抵御了海鲜的寒性,所以,想一次性体验多种海鲜的美味,建议去吃一碗清江三鲜面。

157

让本地人心心念念的美食可能是别人眼中的"奇葩",有人列出"让外地人瞬间崩溃的温州美食",除了臭菜头、烂鱼生等上不得台面的,有些真是美味,就看你有没有胆吃。血蛤,剥开之后都是血,还要连肉带血吃下去,感觉像原始人茹毛饮血。泥蒜粉干,烧法源于龙湾永强,粉干滑溜,汤汁鲜美,非常诱人,但前提是你没看到软软的像肥大短蚯蚓的莫名生物。据说有家海鲜店主打这道美食,看到外地客人不敢吃,老板灵机一动,将泥蒜改名为海虫草,如此一说,通俗易懂,外地客人也像本地人一样能愉快地吃上泥蒜粉干了,嗯!泥蒜蛋汤、泥蒜年糕、泥蒜冻都可以沿用这个说法。

温
州
有
意
思

158

每个地方好像都有"十大小吃"。泰顺是温州的"后花园",山里没有海鲜,做菜的方式也很特别。比如温州其他地方敲鱼、敲虾,泰顺就敲肉,当地人把它叫作"肉丸",把瘦肉剁成馅放入地瓜粉,用擀面杖轻轻翻面并敲打成肉饼,再做成敲肉羹;其他地方买来泥鳅直接红烧,泰顺人却很讲究,要先用油喂养泥鳅一两个小时,说是去除体内污泥,再加红酒糟、农家菜干等调料,文火慢熬成红彤彤的泥鳅汤,据说这道菜在当地极负盛名;更奇怪的是绿豆腐,是用叶子和牙膏做的,原材料是一种河边野生的草本小灌木"豆腐柴",将其叶子摘来洗净,取其汁,而后放入牙膏,搅匀,加盖,冷冻后食用。牙膏,是的,你没看错,泰顺人把牙膏当作一种凝固剂。

159

泰顺人用牙膏做绿豆腐,平阳人则用草木灰做年糕,这就是大名鼎鼎的黄年糕了。黄年糕的黄色可不是色素,它来源于山上一种柴,烧成灰后,用开水烫,再过滤,便有了黄黄的水。平阳顺溪、文成桂山等地的山民,会选用最好的晚稻米,浸泡在这黄水里,再取出碾成米粉,随后放入木桶蒸,黄年糕便由此而来。黄年糕吃起来比白年糕更有嚼劲,还带着淡淡的草木灰味。

160

中国人爱喝茶，但是，据说全国种植面积最大的茶叶品种却是外地人并不太知名的永嘉"乌牛早茶"。2018 年，乌牛早茶在温州的种植面积大约十万亩，而在全国其他地方的种植面积已超过一百万亩。类似这样的墙内开花墙外香，还有乐清出产的"仙草"铁皮石斛。据说，在全国，大多数种植者是乐清人，种苗也是从乐清带出去的。种得多了，"仙草"卖成了白菜价，从前几千元一千克的，这两年只要两三百元，"仙草"步入了寻常百姓家。

乌牛早茶

161

温州人有时候很别扭,他们非要把豌豆叫作蚕豆,把蚕豆叫豌豆,真不晓得温州的父母怎么给孩子讲《豌豆公主》。他们还把馒头叫作包子,把包子叫作馒头。二十年前,有个温州孩子到南京上大学,去食堂吃早餐时,看到价目表上馒头两角钱一个,觉得这么便宜,一下子买了五个,坐下来啃了一个没有肉,再啃一个还是没有肉,三个四个都一样。他气坏了,端起盘子质问打饭的师傅:"你这馒头里面怎么没有肉呀?"大师傅莫名其妙地说:"馒头本来就没有肉,想要肉,你去买包子啊。"这个男生看看包子,更生气了:"这分明是肉馒头,你却说是包子?"

162

温州素来被誉为海蜇之乡。我的"地瓜爷"每次买菜都喜欢买点海蜇回来凉拌,他说小时候海蜇是低档货,三分钱可以买一担。从梅岙渡口至瓯江口一带海蜇旺发,那时在江心寺后面,随着江潮涌动,满江浮动着密密麻麻宛如降落伞的海蜇,如今瓯江口的海蜇几近绝迹。

将用清水泡过二十小时以上的海蜇切成细丝,加点金针菇,淋上酱油醋、香油等调味料,就是极美味的凉拌小菜。有些人喜欢吃凉拌海蜇头,肉质厚实;有的人喜欢吃海蜇皮,口感爽脆;温州还有一道菜叫海蜇血炒三层肉。海蜇血就是附在海蜇皮上的棕黑色那层,物以稀为贵,这玩意儿据说现在每斤涨至千元以上了。在平阳一带的婚礼酒席上,海蜇血是一道大菜。

163

温州菜场里,一根"烂绳子"能卖将近五十元,怎么做到的? 把绳子绑在蟳蚌上就可以。外地人看来都是一个样的螃蟹,温州人却分得很细,有田蟹、江蟹、大闸蟹、蟳蚌,叫法不同,体型也略有差别。其中,蟳蚌最为温州人所钟爱。民间说孕产妇不能吃螃蟹,但酒炖蟳蚌却是产妇补品。很长一段时间,温州菜场的蟳蚌都是捆着稻秆绳卖的。有人测试过,买只四百九十克的蟳蚌要九十五元,除去绳子后只有二百六十克! 绑蟳蚌的绳子有成人两指粗,泡水还带泥,算起来"价值"约四十四元。也有只绑小细绳子的蟹,据说是外国蟹,不好吃,温州人不爱吃,绑大绳子就没必要了。

164

瓯菜是温州菜系的代称,明清时已具雏形。最近两年,温州带"瓯"字的新开的餐馆就多达一百二十家。瓯菜以海鲜为主料,鲜自然是灵魂。这些年,温州人为了保住海鲜的鲜度,没少动脑筋。早年,温州人习惯到株浦路菜场或蒲岐等码头,从刚靠岸的渔船上买海鲜,后来有了大型海上加工船,可直接把打上来的鱼虾做成虾皮、鱼罐头等,不需要用盐腌防腐了。所以,在温州买虾皮要记住,淡虾皮比咸虾皮新鲜。在相当长的时间里,这种海上加工"航母"全国仅温州有三艘。

165

　　历史上，"七国之乱"后，东瓯国举国内迁，此后的温州居民基本上是其移民及其后裔。温州人因此形成了特有的"移民性格"：要么不做，要么抱团做。一群人勤奋做事，敢为人先，百折不挠。移民性格成为温州人延续至今的人文精神中最重要的主心骨。

　　移民性格决定了温州人恋乡不恋土，目前有约二百五十万温州人在国内外经商。三把刀——剃刀、剪刀、菜刀，是许多温州人在国外起步时的三门手艺。

温州人的"三把刀"

166

温州人不与人斗,但是与天斗,与海斗,与台风斗,与死亡斗。一场台风过后,一个村只剩几户人家的传说也是有的。这种与自然斗造就了温州人特殊的性格:不服输,相信人定胜天,只要肯努力,吃多少苦都不怕。眼下世人皆知温州人很有钱,不一定知道其背后的苦,所谓千辛万苦、千言万语、千山万水、千方百计,就是改革开放初期温州人行走天下的写照。

167

长久以来,温州人被喻为"东方犹太人",还有一句话说温州人的头发都是空心的,指的是温州人聪明通透得连头发都是空心的。据分析,温州人具有商业头脑的原因,首先是南宋以来,以叶适为代表的永嘉学派的"事功"思想,主张"经世致用,义利并举";其次是温州土地资源十分匮乏、人均耕地少,许多温州人不得不去温州以外的地方获取资源。因此,这些造就了温州人善于捕捉各种商机,勇于外出谋生创业的精神。

168

有个经典的营销案例叫"到荒岛上推销鞋子",说的是老板要求两个推销员到偏僻的岛上推销鞋子。一个职员说,肯定一双鞋子也卖不出去,因为岛上的人根本不穿鞋子;另一个职员说,正因为岛上的人都不穿鞋子,肯定大有市场。温州人是后者。

人人都知道迪拜是沙漠地区。偏偏有个温商不信邪,他在迪拜花了十年时间,从一家小超市做起,创办了集超市、农场、网上商城、食品进出口贸易于一体的温州超市集团。他的农场建在沙漠里。农场里种有青菜、黄瓜、西红柿等四十多种蔬菜,供应迪拜80%的华人和中资企业、高档酒店,还提供二十四小时配送到家服务。央视给这位温商点赞道:沙漠中的中国奇迹!

169

那些年,国外媒体说起温州人来真是挺夸张的。比如《韩国经济》杂志说:"温州商人在浙江乃至中国都以他们强大的资本动员能力而闻名。他们具有敏锐的经商嗅觉,在商机把握上总是能先行一步,只要跟随温州商人选择投资方向,赚钱的大门就向你敞开。"美国《洛杉矶时报》称:"他们(温州人)在朝鲜开采钼矿,同非洲部落交换牛皮,在伊拉克卖皮鞋,在冰岛出口北极虾和大比目鱼……"

新加坡《联合早报》曾经刊文说了一个故事。一个外星人抵达中国。在上海,他立刻被捉起来进行展览,人们从中赚取不菲的门票收入;在广东,他马上被解剖,人们分析他能不能食用、有没有营养;而在温州,商人竞相拉他去吃饭,然后询问:"你们那里什么东西最好卖?"这个故事反映出"东方犹太人"——温州人不放过任何商机的特性。

170

从前外地学者说温州是文化沙漠时,不了解历史的温州人免不了会自惭形秽一下。后来温州人就不肯了,因为中国社会科学院发布的《2009 中国城市竞争力蓝皮书》中,跻身文化竞争力榜首的不是历史名城西安,也不是"人间天堂"苏杭,而是商业成就比其雁荡山、楠溪江等宜人景色更让人印象深刻的温州。

排名一经公布就引起热议,就连温州人自己也不敢相信,感觉犹如天上掉馅饼,无意间砸中了温州。专家学者对质疑者的回复是,蓝皮书中所指的"文化竞争力"是广义的概念,侧重于当地居民追求财富、创新创业过程中所体现出来的精神。这一点,温州当之无愧。

171

温州生活节奏快,走路快、吃饭快、说话快、开车快。我刚来温州时,一时没改掉在南京街头梧桐树下散步的习惯,每每在街头漫步,一不注意,就有汽车贴着裤腿飞过去,吓得半死。

有媒体做过调研:温州人走路的频率要比北京人快一拍,比上海人快半拍。这是一座充满活力的城市,这是一群充满生命力的人。他们日夜忙碌,就像一盘永远活泼的大虾,他们的内心总被创业的"疯子"追着跑。

172

温州人做生意要面子、讲排场,烟必抽中华牌,酒只喝茅台、五粮液。中华烟还有软硬之分,软中华尤以 3 字头为好,市场售价高出一个层级,还常常断货。温州市烟草专卖局曾经专门召开新闻发布会澄清,不同字头表示的是不同的生产流水线,其实用料、配方、工艺都是一样的,3 字头软中华好纯属市场炒作。但是温州人就是不信这套,宁愿多花钱,面子不能落,只认 3 字头软中华,骄傲得很。

坊间称,软中华曾因销量不佳停产,是温州烟草零售商将其炒作成名。一时间温州人趋之若鹜,由此救活了停产的软中华。

173

温州人的爽快往往缘于好面子、死要面子。过去温州人家里来客人,哪怕穷得揭不开锅,也一定会去邻居家借两个鸡蛋煮一碗点心招待客人。

因为好面子,温州的人情特别重。按现在的行情,朋友结婚送红包起码是一千五百元,关系亲近的,五千元也常有。我的上司将近五十岁,三天两头有朋友的孩子结婚,一个月送红包就得花两万多元。不过吃了结婚酒,不仅可以欣赏到电视台当红主持人的节目,还可以拿回一包中华烟和一百元红包,算上之前拿到的订婚大糖里的五百元红包,亏得不算多。

174

因为重人情,温州人结婚后,要请亲戚朋友来新家吃饭(估计是为新人练习厨艺提供机会);小孩出生后,也要请亲戚朋友来吃素面汤;搬新家的时候,还是要请人来家吃饭。这几年流行私房菜,有人就从中看到了商机。每当新小区交付使用,他们就租一套毛坯房,装修三四个包间,开起私房菜馆,专做小区住户请客吃饭的生意。对于请客的人来说,亲戚朋友来家里小坐片刻,可以就近吃饭,省得自己在家弄得人仰马翻的。同样是解决温州人在家请客吃饭的麻烦,还有大厨提供自带盘碟、买菜上门烧饭的服务,一般两千元一桌,管饱吃好。烧完菜,大厨和助手还会把厨房打扫干净,深受不会烧菜的居家人士之欢迎。

175

很多时候,温州人不仅指在温州出生、生活的人,还囊括了另一个在数量和影响力上都无法忽视的群体——他们有的闯荡四海、落地生根,有的甚至不曾出生在温州。但是他们"很温州",不管是口音、习俗,还是表现出的行为方式。

176

温州很多大老板发家之前是小手工艺者,浙商博物馆里就有正泰集团董事长南存辉做鞋匠时的补鞋机、奥康集团董事长王振滔补鞋用过的剪刀。博物馆里面有许多物品象征着各个阶段温商"敢为天下

温
州
有
意
思

先"的创业精神,比如应用于神舟系列飞船的德力西开关、第一家在欧
交所上市的华人企业——欧华集团上市纪念水晶杯、民营企业家王均
瑶的飞机模型、民国温州百好炼乳厂贷款申请全本、温州"八大王"之
一王迈仟的法院判决书等等。

177

温州人喜欢做生意、当老板,无论是在经济发展高峰期,还是发展
低谷期,哪怕一个员工也没有,温州人也要做光杆子司令。2016 年国
内外市场大环境不好,温州不少企业倒闭。但野火烧不尽,春风吹又
生。据说,每十二个温州人中就有一人当老板。

温州人喜欢当老板跟性格和地方经济发展有关,说起来北方人豪
爽、大气,其实不尽然。温州人挺爽快,尤其在经济上,不与人在小利
上斤斤计较,对小处受损不在意,美其名曰放长线钓大鱼。温州一直
没什么大的国企,对"公家"没什么依附感,独立惯了。温州又是百工
之乡,很多人从小就学习手艺,自己创业有条件。

178

温州人对"铁饭碗"的打破没有太大的恐慌,他们对自己可以在其他
领域闯出一番天地有着足够的信心,这份底气有时候让他们显得有些骄
傲。有个"80 后"公务员辞职去"看世界",原因是"不想一生经历的高峰,
只有早高峰和晚高峰",辞职半年后,他就真的登顶了非洲最高峰乞力马
扎罗山。内行人说,那些爱登顶的温州人,经济实力应该都不错,因为这

种登顶从提前数月的训练到装备配置,没有几十万元搞不定。

179

眼下的温州人,以"闯天下"闻名,但百年之前,温州人却是"足不出温"的"温不出"。清朝温州司马郭钟岳曾在《瓯江竹枝词》里自注:"温人多不离乡,谚云'温不出'。"

为何会这样?与温州地形有关。温州"三面环山,一面环海",自古陆路不畅、水路发达。但明清两代实行了长时间的海禁与锁国,生生地限制了温州海上通道的区位优势和丢掉了两宋时期优秀的商业传统。偏处一隅的温州人成为"不远游"或者无法游的"温不出"。直到近代,大海重新成为温州对外联系的最佳通道,1917 年,乡人洪炳文写道:"俗谚昔云温不出,至今游历遍重洋。"温州人从此抛开安土重迁的观念,到更远的地方寻求出路。与此同时,"温不出"也在某些父母心中刻下印记,他们不希望子女留在他乡。

180

有一次,我采访一位温州商会副会长,他说上一代吃够了没文化的苦,所以对子女的教育是不遗余力的。温州父母这般为子女打算,自然是不舍得子女离开自己。那些"企二代"不管在外面打拼得多好,多数还是会被家里的接班电话召回来。普通人家的孩子即使去外地上大学,之后四年也要时时应对家长强烈的回归意愿。我的两位同事,一个之前在北京读大学,毕业后去搜狐公司面试成功,当时新媒体前景看好，却被家人逼回来，成为面临失业的纸媒工作者；另一个原在上海做空姐，出一趟航班歇几天，挺滋润，也是妈妈以死相逼，回来跟我们一起熬夜码字，没多久就面如菜色。

181

　　温州人的乡土观念特别强，在外漂泊的人只要条件允许，每年春节、清明节或中秋节，总要回家聚一聚。有一年收集春运故事时，我看到巴西温州同乡联谊会会长张伟的故事。他说自己到巴西后的二十一个春节，只有一个春节因工作没有回温州，其他二十个必定会经历三十多个小时两万多千米的飞行，跨越千山万水，只为听到亲切的乡音、吃到街头的小吃。要知道，他大部分家人在巴西，八十多岁的老母亲也每年回温州几次，春节更是雷打不动。恋乡之情，令人动容。

温州人的乡土情结

182

温州有一位姓郑的鞋企老总,不是康奈集团的郑秀康哟。这位郑老板做鞋三十多年,他研究古代人穿布鞋,现代人穿皮鞋,为什么穿皮鞋更容易引发脚气?还真给他琢磨出道道来了。因为传统工艺制作皮鞋需要用到化学处理剂,鞋腔内温度升高会导致处理剂挥发,产生化学气体,形成滋生脚气的环境。这样看来,只要用了化学处理剂,不管是啥品牌、是否真皮,都会闷脚。他研究的制鞋新技术就破解了这个化学处理剂的问题。每天,他都会花十个小时在研究室,以自己的脚试穿新鞋,他说自己的脚伸出来就像小姑娘的脚一样,白嫩,没有脚气,甚至没有厚脚皮。

183

没有谁能随随便便成功,温州人勤勉和吃苦耐劳的例子举不胜举。在上海自贸区,温州人创下了三个"第一":创办上海第一家民营银行、申领自贸区首张外国人永久居留"绿卡"、拿下自贸区第一张外资营业执照。据说,最后一个"第一"颇有戏剧性。当日排在预约队伍前七位的企业因为上海下大雨,所以都没去,只有温州人风雨无阻到了现场,排在了第一位,拿下了温州人一向喜欢的"第一"好彩头。

184

在某知名论坛上,一位外地朋友吐槽自己对温州的第一印象:脏乱差。一般这种帖子都会因为涉嫌地域歧视而被当地网友骂到删帖。但是这个帖子的走向却完全不同,温州网友齐刷刷地跟帖力挺发帖人:"你说得对!"于是,可爱的温州网友成功地将一个涉嫌地域歧视的帖子扭转为推荐温州美食的帖子。真是无处不是商机……

这一"翻车现场"让很多外地网友被温州人"一点都不玻璃心"惊呆了,有网友留言道:"温州人心理素质真好,有则改之无则加勉,完全能笑呵呵地接受。"

185

其实,全世界最会吐槽温州人的就是温州人自己。看到马路上胡乱"插队"的司机,温州人习惯于说:"呵,温州人嘛。"看到路边偶尔穿着睡衣出没的"老娘客"(温州人对中年女性的称呼),温州人习惯于说:"呵,温州老娘客嘛。"……因为没有人比温州人自己更清楚这些缺点,所以他们怼起自己从来都不会口下留情。

186

温州人喜欢显摆,街头豪车不少。买豪车跟买房一样,要看运气的。有一个温州老板叶先生花千万元买了一辆劳斯莱斯幻影加长版轿车,爱护有加,还为车配上专职司机。车子一次事故也没出过,可还是老出问题,发动机咔嗒咔嗒响,空调一会儿出风一会儿不出风。盛夏,叶先生坐车接两个大客户,空调罢工,路上一个多小时,四人浑身湿透,面子丢光光。叶先生气道:"真想把这车开到河里去。"

187

温州著名的鞋企奥康集团有句广告语叫"不走寻常路"。温州这个地方经常出些不走寻常路的"牛人"。有个"牛人"叫孔万奖,他连续三十一天跑完三十一场马拉松,总距离约一千三百千米。他是一名国税局的工作人员,平时大多是在田间机耕路上练习跑步。当地村民被他带动,常常跟着他一起跑。

188

对于温州人这种"不走寻常路"的画风,有人认为是因为温州人很懂得自嘲。究其原因,还是因为自信。温州人凭什么这么自信?自己集资建机场、修铁路、办大学,创下一个个的全国首个、第一,这里又是游泳之乡、数学家之乡、象棋之乡……这些都是温州人的底气。不顾影自怜,只自力更生,是刻进温州人性格里的。不怕人毁之,不怕人侮之,只默默干好自己的事。

温
州
有
意
思

189

温州说自己敢为天下先,所以出问题也比别人早。

1988 年的温州,没有铁路,没有机场。各地都在试行打破"大锅饭"的做法,温州市工商银行在下属储蓄所推广承包经营制。这么大胆的步伐,即使今天也望尘莫及啊。

住房土地使用权到期问题也是这样。大家都知道,土地国有,我们买的商品房土地使用年限是七十年,七十年后怎么办? 2016 年 4 月,温州部分市民就因土地使用年限到期而无法办理土地使用权过户手续。权威媒体跟踪报道,此事惊动了国家层面。中华人民共和国国土资源部相关复函、新闻发布会都专门做了说明。温州据此开始对"撞限房"以过渡性办法处理,新华社发文称:温州一小步,中国一大步。

190

温州人干某件事情,不看别人做过没有,只看自己是否需要、能不能做通。政策来不及,温州自己来;资金跟不上,温州自己来。农民手里有钱却没有城镇户口,进不了城,他们就集资建一个农民城;城里的国营商场不卖温州产品,他们就把国营商场的柜台租下来自己卖;从外地回温州没有航班,他们就包飞机,自己开辟航线;国家银行不给贷款,他们就创办信用社、基金会,发展民间金融,实行浮动利率,自己给自己找资金。有人说,温州文化就是一种强势文化,是传统文化中最稀缺的那种。

191

我感觉温州人做生意走两个极端。一个是勤勉"过了头",冬日、深夜、雨天,哪怕你只要一包烟、一瓶可乐,打个电话给小卖部,人家也会穿着睡衣送货上门,这样周到的服务让很多外地人羡慕不已;另一个极端就是个性"过了头",比如一个卖咸菜饼的可能不到下午两点不出摊,哪怕食客排长队。市区大南门巷弄里的一家猪脏粉老店,被誉为温州最任性的店家之一,因为它只在下午六点至凌晨四点营业。就算你提前十分钟来店内,饿得大叫,师傅也不会给你上菜。如果你等不及要离开,店主也不会挽留,有种不合我的规则钱再多也不赚的气定神闲。类似的"牛店"行为还有"今日店主心情不好,休息一天""老板意外之喜,放假一天"……

192

曾经浙南有名的温州黄龙商贸城于 2018 年 10 月 31 日关闭,关闭前的几小时内,市场里依然是人来人往,就像刚开业时一样,各种标语极尽招徕之能事:"就在今天,气死马云,饿死京东,给钱就卖""老板恼了,全场一元起""市场拆迁,无处可去,百万库存,一万处理""今晚搬家,最后半天,决战黄龙"……

温州有意思

193

改革开放四十多年,有一个词是独独用来形容温州人的,这个词,就是"胆大包天"。狭义的"胆大包天",指的是20世纪90年代一位叫王均瑶的年轻人,用一百多个图章冲破限制,包机之举让民企初次涉足民航业,后来温州人就不断有了各种"异想天开"的包:包铁路、包海塘、包油井、包粮田等。

温州人真的是逢山开路,逢河架桥。当年王均瑶到湖南跑供销来去不便,干脆包个飞机。眼下,又有温企为出行方便"架桥"。有报道称,2019年1月,青山钢铁为方便员工和客商进出,专门在印度尼西亚的青山工业园区建了机场,买了飞机,试飞成功。"简直太霸气!太任性了!"青山控股是温州首家跨入千亿级俱乐部的民企。2018年10月,印尼青山工业园区的整条产业链所有项目全部建成投产,让印尼的不锈钢粗钢产能一下子从零跃居全球第二。

194

温州人特别善于"无中生有",还总是能把这个"有"做得风生水起。比如早年温州并没有纽扣产业,但永嘉桥头人却肩挑背扛促成了中国最大的纽扣集散地;温州不是羊产地,却形成了毛线羊绒市场;温州没有大规模畜牧业,却是全国最大的猪皮革、牛皮革生产基地;温州没有整车生产企业,却是全国四大汽摩配件生产和销售基地之一……"中国人参鹿茸冬虫夏草集散中心"不是在东北或西北,而是在温州苍南的小镇灵溪,东北三省各类人参在这里集散;另一个位于平阳萧江的华东农贸综合市场参茸区,专营西洋参、红参、高丽参、燕窝等。顺便说一句,萧江的主产业是编织袋。

195

温州人做慈善分两种,一种是做善事让大家都知道,还有一种是悄悄地做,不让别人知道,这叫"隐善"。冬日里,有人点了一百份早餐送给户外劳动者;有人给岗亭特警送了六杯热奶茶;有火锅店请三十二位环卫工人吃火锅,还设两种锅底……最典型的就是"兰小草",每年雷打不动捐款两万元,隐姓埋名捐了十五年。直到当事人因病去世,"兰小草"的身世才被揭开。他们什么都不图,只图温暖他人,让内心安宁和快乐。温州人助人的任性,不是钱多,而是情深。隐善也好,高调施善也好,都是喜欢把心掏出来待人。要不,怎么这个"州"叫作温州呢。

196

温州人不但商行天下,还善行天下,创立了很多"慈善品牌",其中最具影响力的,就是何纪豪先生主持的"世界温州人微笑联盟"和为白内障患者提供免费手术的"善行天下·明眸工程"。除了这些品牌,温州人在外地获得当地"好人"称号或"中国好人"称号也时常见诸报端。

汶川特大地震发生后,温州援建了受灾最严重的"三川"之一的青川,十一年来,温州人帮助当地居民,在一片废墟上建起了瓯海大道、龙湾大道、鹿城大道、东瓯农贸市场、正泰幼儿园，还有各种生态产业园、稻田养鱼示范基地、肉兔养殖基地、核桃林等。行走在青溪街头，仿佛穿越到了千里之外的温州……

197

温州人特别能担当，即使遇到挫折，也能想办法东山再起。2008年，一个温州老板创办的新疆德汇国际广场遭遇大火。这位温州老板流着泪对三千多家商户说："我就是砸锅卖铁也要带你们走出困境！"他卖车抵房、四处借钱……三年后，新的商场在废墟上落成，所有商户都获得安置补偿。看起来似乎有点不可思议，温州人赚钱好像特别容易。

温州老板常说一句口头禅，叫"弗怕折，只怕歇"，意思是做生意亏本一点不可怕，可怕的是不去寻找原因、分析市场，却从此停业。此语足见温州人"知难而进"的刻苦精神。

198

同样做生意，有些人特别看重眼前利益，在小处斤斤计较。温州人在这方面很大气，他们不管别人是否获利更多，只看重自己能否有利可图，只要自己有进账，那就去做，他们总是："好说好说，先做事，成功了，再谈分账。"

也是因为温州老板太迅速的行动力，不愿花时间提早约定自身权益，所以他们有时会遭遇成功后的背叛。好在他们信奉吃亏是福，与其花精力纠结些小利,不如拿回本金再找项目。不过,上一辈温州人的这种"侠气"在"商二代"身上变少了,他们吸取父辈教训,总要"丑话说在前头"。这让老一辈人有点瞧不上,"做事缩手缩脚的,成不了大事"。

<h2 style="text-align:center">199</h2>

不断与时俱进,绝不小富即安,是温州人把企业越做越大的原因之一。他们赚一点钱,就想再投入,扩大再生产。有个破产企业家说,这导致温州老板做事容易不冷静。他的企业发展势头很好的时候,很多银行上门服务,以各种优惠条件为他提供扩大再生产的资金,他当时脑子一热,就甩开膀子干起来。谁知道市场瞬息变化,加上受亲友经营不善的拖累,他一时资金紧张,银行又撤资,只好破产了。

温州人总想着钱生钱,他们有了钱,一定要做点什么,他们永远被内心的"疯子"追着往前跑。世人都说温州人有冒险精神,其实是温州人做什么都全力以赴,他们不懂得小富即安,也不会见好就收。他们风光时特别风光,失败时也特别悲壮。但大多数温州人哪怕山穷水尽,也还想着东山再起。

温州人能吃苦、肯吃亏、爱尝试、敢创新,他们可以忍辱负重,心理承受能力也特别强。那么多国字号改革试验区放在温州,除了因为温州人有足够的财富、足够的经验外,还因为他们有足够的抗压能力和心理承受力,能够承担起改革失败的风险。

200

在温州待过多年的外来务工者普遍有一种感受,温州很多企业相当有人情味。比如奥康集团,每年春运都会包车、包机送员工回家过年。率性的老板带领公司高层,驱车千里赶到四川、安徽等地给员工拜年的新闻,更是时常见诸报端。

201

温州人有副热心肠,喜欢干那种撸起袖子献爱心的事。在"7·23"动车事故中,第一批赶到现场进行救援的是周边居民,他们光着膀子,赤着胸膛,踩着泥泞,冒着风雨,救出第一批伤者。后来听说血站血源不足,几乎全城的人都往各献血点奔,举着胳膊要求抽自己的血。

202

温州人的热心肠不但在国内,在国外亦如此,不少温州人开的餐馆常常成为临时撤侨等国家行动不二的选择。比如西班牙巴塞罗那遭遇恐怖袭击后,温州许氏兄弟就受中国驻巴塞罗那总领事馆的委托,护送香港受伤女游客及其同伴赶赴机场,在恐袭中当了一回"战狼"式的人物。

其实,海外温州人有不少这样的热血"冷锋"。当年,希腊温商帮助利比亚撤侨的事被写入了《大撤侨》电影剧本里。2015年尼泊尔发生地震,当地温商和华侨自掏腰包几十万元组建了一支援助队,给中国游客送食物。每天早上四五点起床采购、做饭、送饭,一做就是一两千份,连送七八天。他们送饭时扛着国旗,原是为了方便同胞求助,后来给当地居民送物资也带上国旗,说是"这样他们就知道是中国人在提供帮助"。类似这样拉风的事,温州人爱干,所幸他们干的都是正能量的事。

203

温州人吆喝起来不怕难为情,三栋高楼、几株绿树的安置房也敢叫花园。有个壹品国际购物中心,就是一个在二楼的小超市,尽管货架后面的墙壁都装上了镜子,这个超市也能让人一眼看到底。早年温州很多住宅还带洋名,比如米莉莎公寓、伯爵山庄,好在后来国家规定不许随便取洋名,否则温州人怕是要把自己闯荡过的四大洋七大洲的地名都安在老家的住宅上了。

204

温州人特别喜欢跟风。只要是流行的,不管适不适合自己,必定先跟上去再说。流行黑丝袜时,街上从媛子儿到老娘客,从春秋到寒冬,人人抖着黑色的大腿。流行踩脚裤时,也是人腿一条,最惨的是有些女人估计是扁平足,踩脚踏不住,她们也听任脚后跟挂着个小尾巴,气宇轩昂地走在大街上。温州女人爱跟风,男人也不落后。流行黄金饰品的时候,温州男人不管有钱没钱,一律脖子上挂个粗粗的金链子,手上五六个手指戴着金戒指,还特别喜欢那种硕大的方戒指。反正什么东西只要让温州人入了眼,这个东西就会卖断货。

205

温州人取地名很有趣,叫"市"的不一定是某个城市,叫"村"的也不一定是村庄。比如鼎鼎有名的中国电器之都柳市,是一个经济强镇。而蒲鞋市只是鹿城区的一个社区,因早年家家卖蒲鞋而得名。筱村则是泰顺的一个镇。人名也很奇怪,年纪大的叫"奶""姆"的,很多是男人。

206

温州人做生意喜欢抱团,搞艺术也挺喜欢"批发",比如时不时会有"温州八人绘画联展""全国九大美院温籍教师作品展"等等,这一方面说明温州有培育团体作战的土壤,另一方面也说明温州人同乡情结重,哪怕在不同的城市生活、创作,只要同叙温州情,就能融合在一起。

207

众所周知,温州是著名侨乡。早在一千多年前的北宋,就有温州人移居海外。截至 2013 年 12 月 1 日,温州是浙江海外华侨最多的城市,有约六十九万华侨,占了全省的三分之一还多,也就是说,在海外的浙江华侨中,每三人中就有一个温州人。

　　"我是温州人",据说在世界上有人居住的地方,就能听到这句话。温州籍华侨华人全球分布、地区积聚。跟"温"字有关的海外侨联组织就有四百余个,它们或以温籍侨胞为主,或冠温州名,或与温州联系密切,或由温籍侨胞担任主要负责人。在欧美一些城市,特别是华人聚集区,温州话或文成话成了当地的"普通话"。

温州人遍天下

208

温州人出国,是一人带一家,甚至一个人会把一个村的人全带出去。世界各地都有温州人,欧洲不少国家都有温州村。这是因为最早出国的那个人,往往是亲戚朋友出资甚至合全村人之力助他出国,就盼他在国外找到路子,带大伙儿致富。

209

说到温州人的家族性"出走",温州文成的胡允迪家族可谓是"家族联合国"了。作为文成县第一代旅意华侨,胡允迪在1933年赴意大利谋生,从皮革作坊发展到皮革批发公司,从零售商店发展到"中华餐馆"。随着事业的发展,由他经手办理出境手续的家属、朋友共计四百余人,亲戚朋友又各自亲帮亲、友帮友,至今胡氏家族共有五代五百多人旅居海外。据说,中国姓氏"胡"是米兰的第二大姓氏。这段历史,你在世界温州人博物馆就能了解到。

210

每年元宵节、清明节或中秋节前后,市里都要开一个联谊会,叫"世界温州人大会",本意自然是吸引游子回乡,变温州人经济为温州经济。来自一百多个国家和地区的数千名温州人代表相聚一堂,简直就像联合国开大会。区别就在于参加联合国大会的人国籍不同,肤色不同,而参加世界温州人大会的人国籍可能不同,但肤色是相同的。别小看这个联谊会啊,除了有国内外知名的科学家、经济学家回乡撑场面,更重要的是"含金量"高。2016 年的世温会现场就签订了总投资达四百多亿元的三十个温商回归重点项目。

211

行走天下的温州人,还是一个个外交家。当年,国际货币基金组织总裁拉加德身着唐装宣布人民币正式纳入"特别提款权(SDR)"篮子,据说,她身上的唐装只花了五百元,是温州人"代购"的。请加拿大总理到家中做客,在香榭丽舍大街举行春节游行,请美国总统担任形象代言人……温州人与国外政要交往故事多多,以至被赞为:温州人有天然的公共外交基因。说句直白的话,就是温州人挺爱傍名人、搞大事。

212

温州人热诚。独在异乡,如果结识一个温州老乡,他(她)即使与你素昧平生,也很可能会联系你,找你吃饭,问你有没有什么困难。有一次采访,一位刚刚把公司总部搬到温州的企业家说,温州人不光是温州的,还是世界的。她不管出国去哪里,一定会遇到温州人,也一定会去温州餐馆。因为她有两位同学是温州人,每次出国,他们都能找到所在国的温州人帮忙接待。

有抱团也有分派。有一年我们领导路过意大利某市,当地两家带

"温州"字样的商会会长都请他吃饭,他是左右为难,只好跟一位会长吃了晚饭,再跟另一位会长吃夜宵,撑得要命。又有一次我们想跟陕西一家温州商会联系"一带一路"的采访,对方爱理不理。办公室同事就上网联系了另一家温州商会,对方盛情邀请,安排得妥妥当当。同事回来后,一篇篇稿件顺利出炉。这下第一家温州商会不肯了,各种施压。抗议也没用,人家也是合法商会,难道是后妈生的?

213

这些年,温商在海外多有投资创举。比如 2006 年,温商买下阿联酋一家国有电视台;2009 年,温州人全资收购了英国一家本土卫星电视台;2014 年,几位旅法温籍华侨华人和一位柬埔寨籍侨领共同筹办开播欧洲华语广播电台;2015 年,温商打造了法国首家华人全频道电视台。看样子,温商希望运用大众媒体发出更多中国的声音。2017年,温州人花六千多万元人民币买下了加拿大温哥华唯一的动物园,准备用二十年时间,把这个占地五十公顷、年客流量近二十万人次的大温动物园进行四次改造。用游乐思维改造动物园,不晓得老外能不能认同。

"一只脚踩在温州,一只脚踏遍世界",外界曾这样形容温州人闯市场的"闯劲"。眼下温州最想做的,就是把那些脚踏在世界各地的人拉回来,把家乡也好好发展一下。

214

　　每到改革开放周年纪念，温州有位女企业家就要被媒体"骚扰"，以至于后来她都拒绝接受采访。她叫章华妹，全国第一张个体工商户营业执照领取者。1980年，这个卖纽扣的温州姑娘领回一张用毛笔书写、编号为"10101"的营业执照。如今，她是温州"华妹服装辅料有限公司"董事长。嗯，这个公司名字比较大气，纽扣也算是服装辅料之一。

215

　　温州当代有位大慈善家叫何朝育，瓯海人，1951年移居台湾。温州医科大学附属育英儿童医院大楼、育英图书馆、育英大礼堂、育英学校、育英老年康复中心等，都是他和他的妻子黄美英捐建的。

　　何朝育去世后，他的儿子何纪豪接过慈善接力棒，与温州医科大学合作，为唇腭裂患儿开展"微笑联盟"善行天下活动。他们要么把西藏、云南、四川、贵州等地的唇腭裂患儿接到温州做手术，要么直接把医生送到那些偏远地区。做活动时，年逾花甲的何纪豪会背个背包或带个大行李袋，里面装满了从台湾带来的凤梨酥、蛋黄酥、巧克力等吃的，他说医生做手术辛苦，中间需要补充能量。外出做手术，他就是团队中年纪最大的志愿者。他给医护人员打下手、陪患儿家属聊天，事无巨细，那份善意真正是发自内心的。

温州有意思

216

温州是弘一法师的第二故乡,这是他自己登报说的。在杭州出家几年后,他为何会选择来温州?这可能与温州居士周孟由等人对佛法的虔诚和盛情邀请有关,也可能是庆福寺秉承律宗教义,而弘一正好精研律学,更多的说法是跟温州的气候有关。

弘一出家后严守戒律,"衣不过三",这在春、夏、秋三季,不成问题,但到了寒冬腊月,身体羸弱的他就难应付了。弘一来到温州的第二年,拜庆福寺住持寂山和尚为依止师时曾称:"吾以永嘉(温州旧称永嘉)为第二故乡,庆福寺为第二常住,俾可安心办道,幸勿终弃。"据说,从1923年3月起,弘一离温到各地云游,一到寒冬腊月,还是常回温州过冬。每遇夏天,气候炎热,弘一如在外地云游,只要条件允许,也要回到相对凉快的温州度夏。看来,温州冬暖夏凉的气候对他很有吸引力。

217

弘一法师闭关时的护持高文彬是温州人,受其感召也削发出家,法号"因弘",取其"因弘一而出家"之意。因弘法师后来成为庆福寺住持,他腌的咸菜很有特色,色黄,有砂糖香,人称"和尚菜咸"。20世纪50年代,据说因弘还在府前菜场(今鹿城区人民政府对面)卖过咸菜,有市民特地赶来买他的咸菜。

218

2016 年有一部电影很火，叫《血战钢锯岭》，是"80 后"温商林奇参与投资的。这个温州人创办的游族网络在 2014 年借壳"梅花伞"成功登陆 A 股，成为"主板游戏第一股"。他的游族影业后来与美国某公司联合成立电影投资基金，融资达一亿美元。《血战钢锯岭》是该基金在美国投资的首个项目。林奇绝对是温州青年"创一代"的先锋啊。

219

"温商杜圣博手机远程'遥控'，1.6 亿元拍下乾隆玉玺"，2016 年末，这条新闻刷爆朋友圈。除了感叹温州人有钱，溢价二十倍，后面的故事更复杂。先是两天后，有网上信息说"玉玺拍出后，买家失联了"，引发了一场对温商乃至中国藏家信誉的批判；过几天峰回路转，说是买家正在"办理签证，准备提货"，由此引发了"玉玺是圆明园流失文物，中国人绝不应当参与拍卖"之类的科普教育；后来，还有人质疑"豆芽哥"杜圣博是真买家还是拿着拍卖单到国内找买家。还好，2017 年 1 月 13 日，杜圣博先生终于与法国拍卖行顺利交割。嗯，所有质疑随之烟消云散，媒体称之为"收藏界盛事"。

220

正当媒体把"骗子"杜圣博改称为"先生"时,他于当日中午在朋友圈发布一条消息,称:"我是一个不善于讲故事的人,但是今天还是简单讲讲'温州人',什么叫'温州人'。"大赞:"温州人为了生存,忍受常人无法忍受的寂寞伤悲,生离死别,抛家弃子远渡重洋。"表示:"不能够因为我个人事件玷污了温州人信誉至上的品质,温州人的品质如金,毋庸置疑。"又说:"因为之前的支付问题收到无数温州老乡的声援,再次表明了温州人是如此热爱中华传统文化,把我们温州人的气魄、胆识和团结互助体现得淋漓尽致……"这番大义凛然的话一夜之间感动了所有温州人。

221

平阳县城有个凤湖公园。公园建成之际,有人建议在园中竖一个晋人贺韬的塑像。贺韬是见之于史志的横阳(平阳)县令第一人,还是当时顶级的琴师。传说他在横阳县令任上,制造了两把神奇的木琴——"啸鱼"和"恒寿"。当时防风氏部落的遗民不易教化,经常赤脚坐在修建不久的城门上,令执政者头疼。于是,贺韬在县衙的厅堂里弹起"啸鱼"和"恒寿",琴声飘荡之处,"防风人"居然闻琴起舞,其乐融融。

鉴于贺韬在千年之前就能通过广场舞教化民众,平阳应该大力倡导全民爱乐。

222

温州人闯天下的故事非常多,其中一位叫叶文贵,他曾经是"温州第一能人""温州首富""温州模式标志性人物""中国造车第一人"。他先后办过六个厂,办一个火一个,"赚不完的钱,办不完的厂,还不完的债"是他给那个年代的温州留下的创业名言。当万元户还是时代财富象征的时候,他已经迅速积累了上千万元财产。

叶文贵被世人记住的不是他的钱多,而是他在二十多年前,用一千五百多万元在自己的厂房里,依靠一己之力去圆了一个梦:为十三亿中国人造一辆民族品牌汽车,而且是电动汽车。那时,今天如日中天的特斯拉公司CEO马斯克还在读大学。可惜因为意识太超前,他的技术还未成熟,家财已散尽。最终,这些车子成了浙商博物馆的展品和紧闭在车间里的闲置品,除了困窘的叶文贵偶尔独自去摩挲一下,再也乏人问津。

223

像叶文贵一样,被誉为浙南近代机械工业先驱的李毓蒙对发明创造也是如痴如醉。历经八年艰辛,他终于发明了我国第一台铁木结构的弹棉机。

李毓蒙的人生演绎了一连串的"第一"与"之最":最早在浙南创办机器制造厂,最早申报产品发明专利和注册商标,第一个在国际博览会上得奖,最早在温州造出内燃机……他还是温州职业教育的奠基人,浙江工贸职业技术学院、杭州化工学院(浙江工业大学前身)的创办都与他密切相关。

用当前的流行语言来说,李毓蒙就是一位草根逆袭的传奇式人物。他的身上也体现着温州人"敢闯敢试、敢为人先"的精神。李毓蒙纪念馆位于瑞安市区,由著名社会学家费孝通先生题写馆名。

224

温州有一批有梦想的草根发明家。除了叶文贵、李毓蒙,还有一个人叫温邦彦,也是温州最早发家的企业家之一。我在他的民办学校里看见过日内瓦国际发明金质奖和布鲁塞尔尤里卡博览会骑士勋章。他想发明永动机,投入大量精力、财力,从红红火火做企业到办一个规模不大的职业学校,渐渐没了声响。对这些为搞发明丢了主业的人,不理解的人叫他们"一根筋""单个脑",其实他们身上有着温州人可贵的创新精神和刻苦钻研的毅力。

有一部大型人文纪录片叫《我的中国梦——中国温州人的故事》,据说是首部被美国国会图书馆、美国国家民俗中心联合收藏的中国纪录片。有观者看后评价道:"温州人很开放也很传统,既仰望星空又脚踏实地。"很精辟!

225

近几年,各种新型网络产品风行。比如,国内年轻人潮流文化娱乐社区 Bilibili、短视频社交平台快手……这些产品背后数亿美元的融资都跟一位"85后"温州年轻人有关。他叫郑烜乐,他说自己骨子里有温州人的拼劲和狠劲,是天不怕地不怕的进攻型性格,在商业战中打法比较凶悍,也因此,在众多老牌投资银行中,他的公司能够在创立两年内累计完成交易金额近三十亿美元的融资。

他的行事颇能代表温州年轻"创一代"的风格。

226

虽然,很多人知道温州是游泳之乡,吕志武、徐嘉余都是游泳冠军,但是,许多人不知道温州还是名副其实的数学家之乡。据说,中华人民共和国成立初期,国内大学的数学系主任,四分之一是温州人。

在中国近代数学史上,有许多个"第一"是由温州人创造的。1896年,温籍学者孙诒让创办了瑞安学计馆,这是浙江最早的数学专门学校。1897年,温州举人黄庆澄创办了中国第一份数学刊物《算学报》。1899年,温州地区出现瑞安天算学社,这是中国近代早期的地区性数学学会。据考证,1898年至1908年,大多数出国留学的温州人学习数学。

227

因为传世名画《富春山居图》,"元四大家"之一黄公望对后世山水画影响深远。最近,黄公望在温州平阳"活"了。黄公望,字子久,幼时过继给平阳黄氏为子。有这样的名人,肯定要"傍"的。平阳先是打造子久茶品牌,后来更是"脑洞"大开,推出"平阳黄公望"表情包,在微信表情商店上线。表情包里,黄公望穿一身简单的紫色长袍,手持一把折扇,扇上书"平阳黄公望"五个字,同时附带几句常用的平阳方言,从"哈酒"到"灰慌定类(不要慌,镇定点)",一副非常呆萌逗乐的邻家老翁形象,一时刷爆温州朋友圈。不得不佩服,这名人"傍"得让人不讨厌。

228

温州创业者有很多传奇般的创业故事,但有时失败者的故事更能体现温州人百折不挠的精神,比如王荣森,一个胆大包油田的女人。电视剧《温州一家人》中周万顺到陕北开采油田的故事,就来自王荣森的真实经历。小学文化的她原名王月香,在温州卖过皮鞋,原本跟丈夫在西安做服装批发生意。1997年,她在路边慷慨相助一位落魄的大学老师,这人开启了她的油田梦。在丈夫累倒在油井旁之后,她改名为王荣森,希望自己像男人一样坚强。此后,她屡试屡败,屡败屡试,直至背上千万元债务,无暇照料的小儿子也在老家溺水身亡。此后,她做保姆、做小生意,余生只为还这千万元债务。尽管是一段失败的经历,但它可以让世人了解一个温州人在人生挫折面前的不屈与担当。有一句话最能诠释这些失败者的经历:"他们的泪水与欢笑属于他们自己,他们的艰难摸索与理性积淀属于这个国家。"

229

王荣森的油田梦破灭后,温州人选择性地看不见她的失败,只看到商机。2005 年前后,大量温商资本进入新疆石油业,一度引发热议。然而,这些尝试大多以失败告终。

温州人的东海石油梦、西北石油梦,最终在海外得以圆梦——2018 年,温州海螺集团投资的巴西油田成功出油,探明的四条油带预计有原油三千一百万桶。

230

一斤十六两变为一斤十两,最早的倡议者是温州瓯海郭溪人,复姓姜周,单名元。当年他在镇供销社任会计,深感使用十六两秤计价不方便,于是把将十六两一斤改为十两一斤的想法写信给《浙南大众报》(《温州日报》的前身)。报社将原件转寄给《人民日报》编辑部。1954 年 2 月 26 日,中央工商行政管理局函复姜周元:"建议很好,我们已经考虑在几个地方先重点改革,俟取得经验后再推广。"1958 年全国推广使用十两一斤秤制,并还向姜周元颁发了"中国衡器改革建议者"的证书。

231

有经济学家形容温州经济像一片"灌木丛",具有非常强的群聚性和生命力,比较通俗的说法就是"有钱大家赚"。温州人集体"炒房"的作风就是这样,一家人买下整栋大楼然后出租或出售,直接抬高楼价。虽让人恨得牙痒痒的,却也让人不禁佩服这种气魄和团队作战能力。

正是这种"有钱大家赚"造成改革开放初期,温州前店后厂的小作坊都是以一个产业链主导企业为圆心,配套企业慢慢集聚,最终形成了完整的产业链。苍南宜山的再生纤维加工业是这样,瑞安的汽摩配产业也是这样。近年来,温州一些企业开始向外迁移以削减运作成本,比如一家鞋厂要到重庆建鞋都,众多配套企业都要跟着走。有的大企业没有接其他政策优惠城市的橄榄枝,往往也是因为不愿离开为它配套的上百家周边小企业。

232

早些年,"有人的地方就有温州人"是对走遍天下的温州商人最高的赞赏。如今,温州人早就从这种传统的骄傲中缓过神来,他们嘴上挂的是"有人的地方就有温州制造的产品"。这还真不是吹牛,不说过去占领国际市场大部分份额的打火机、眼镜、皮鞋等,单是小小的笔,全球每五支笔中,就有两支是温州制造。温州人信奉"落叶飞花皆为利器",只有想不到没有做不到。

"2004年CCTV中国十大最具经济活力城市"组委会给温州的颁奖词:这是一个喜欢以小见大,更会以小博大的城市。她在创造价值的同时,也创造着生机勃勃的经济模式……

2008 年的一组数据见证了温州传奇：

每天，温州有近一百五十万双皮鞋销往世界各地；

世界每十个打火机中，有七个是温州制造；

在全国制笔业的产值中，每三元就有一元是温州笔业创造的，一年有六十五亿支笔从温州人的手里产出；

温州人一年在全球销售商品超六千六百亿元，相当于十九个义乌国际小商品市场的年销售总额。

233

"哪里有温州人，哪里就有市场；哪里有市场，哪里就有温州人。"

很多外地人最先感知温州，是背着高大弹弓的弹棉花客，咚咚的声音从一个村走到下一个村。他们是改革开放后温州较早走出去的人，真正是用脚一步步走出来的。

改革开放之初，温州有十万供销大军行走在全国各地，他们是创造"温州模式"的骨干力量，其中很多人后来成了知名的企业家，"胆大包天"的王均瑶正是因为跑供销，常年往来于长沙、温州，买票难让他产生了要为温州人包一架回乡飞机的梦想⋯⋯20 世纪 80 年代初，这批温州人在计划经济的大潮里左冲右突，组成了"小商品，大市场"的民间流通网。有人戏称他们是宣言书，他们是宣传队，他们是播种机。

234

1995 年 8 月 28 日,温州人在云南昆明率先成立了第一个外地温州商会,也是全国首家异地民间商会组织——昆明温州总商会。20世纪 90 年代,在异地成立民间自治组织极其困难,必须突破原有体制框架,首个商会的成立,经历了许多困难。此后的二十多年间,全国各地的温州人纷纷组建商会。两百多家异地温州商会,以其"民间性""自治性"的特色在全国各商会中独树一帜,足迹遍及全国各省、区、市。

235

温州人善于以小博大,你以为眼镜、打火机、笔就小了? 在温州人眼里,一分钱的生意也能做成大雪球。比如温州眼镜商会的现任会长林加乾,二十五年前,还是眼镜行业的门外汉。偶然的机会,他注意到了太阳镜镜片上的商标贴纸。当时没有能力生产,林加乾花了半年时间研发出这种静电商标贴纸,很快一炮而红。一两年后,林加乾就在眼镜贴纸生意上超过了台湾的竞争对手。温州人善于以小博大还体现在一个鸭舌便做成温州特产,打出各种品牌上。早几年的初旭牌鸭舌,现在的藤桥牌、爽康牌、修文牌鸭舌都很知名,在口感上基本保持正宗的温州味道。据业内人士估算,目前国内年销售鸭舌约十四亿根,其中约七亿根由温州企业销售。

236

温州人对《解放日报》有特别的感情。1985 年 5 月的一天,《解放日报》刊登了《乡镇工业看苏南,家庭工业看浙南——温州三十三万人从事家庭工业》的长篇报道,并配发题为《温州的启示》的评论员文章,最早提出了"温州模式"概念,为温州正名。

"温州模式"横空出世,引起各方对姓"社"姓"资"的激辩。作家丁临一当时写道:"在今天,只要审视一下某个中国人是如何理解温州和温州人以及他的理解的深浅,便可立即测定和判明那个人在改革中的位置、态度、作用乃至他整个的价值观念、思维方式。"温州的影响力可见一斑。

237

"温州模式"的发端是农村改革,从土地上解放出来的温州农民行走于大江南北。今天的人们很难想象,交通极不发达的温州,早在1983 年,就形成了十大专业市场(产销基地),分别是永嘉桥头纽扣市场,乐清柳市低压电器市场,虹桥综合农贸市场,苍南宜山再生纺织品产销基地,金乡徽章标牌产销基地,钱库综合商品市场,平阳水头兔毛市场,萧江塑编市场,瑞安仙降塑革产销基地,塘下莘塍塑料编织袋、松紧带市场。十大产销基地解决了多少人的就业问题啊。

温
州
有
意
思

238

在温州的改革开放进程中,乐清柳市地位特殊,这不仅因为它是"中国电器之都",更因为当年轰动全国的"八大王"事件。这八个率先盖起楼房、买起摩托、安装电话、富得冒尖的老板,有的入狱,有的外逃流浪,吃尽苦头。两年后才相继获得平反。历史的车轮滚滚向前,正是"八大王"当年敢于打破旧框框的精神,激发了一代人的创业激情,"八大王"也因此成为中国民营经济的开山人物。

当年被判有期徒刑三年缓刑三年的"八大王"之一叶建华,三十多年后对记者说:"时代发展需要开拓者,我们温州人凭借改革开放的强劲春风,'敢吃第一只螃蟹',创造了'温州模式',靠的是绝不向困难低头的大无畏精神和超乎常人的胆略。我们温州人,人人是英雄,个个是大王。"这种有点自恋的说话风格,特别"温州"。

239

如果你想了解改革开放初期的温州风情和创新创业故事,推荐你去看看那辆送进温州博物馆的菲亚特汽车,再看一本书和同名电视剧叫作《喂,菲亚特》。

20 世纪 80 年代初,温州巷多路窄,最宽处也只够两辆轿车并排而行。那时候还没有出租车的概念,满大街是三轮车。有个叫张朝荣的人借来一辆意大利菲亚特汽车,因为没有驾照,就趁晚上偷偷把信河街七十二条半的巷子开了个遍。他发现这种能坐四个人的小车,除了半条小弄进不去,其他地方都能穿行,简直就是为温州定制的。他发动亲戚朋友一起去上海购买了九辆菲亚特汽车,成立出租车公司,温州街头由此开始了"菲亚特时代"。当时温州人习惯把乘坐菲亚特称作"五块头",因在市区通行一般收费五元。20世纪90年代,全国六千多辆菲亚特汽车有四千多辆在温州。

240

开启温州"菲亚特时代"的张朝荣,人称"张大胆",不但缔造了温州第一代出租车,开辟温州"2"字头公交,还曾买断湖北十堰公交所有权,十堰因此成为全国第一个公交事业全盘民营化的城市。他说自己的第一桶金是给人加工日本进口设备,学机械的他请人把日文说明书翻译成中文,就照着做出来了。那时候他一门心思想赚钱,可以连续工作三十六个小时不睡觉,半年赚了三十万元,第一次把钱拿回家,心里直发抖,怕被人告发,说他投机倒把。这钱呢,都是十元面值的,一捆一捆没地方放,枕头下、蜂窝里、高帮套鞋里,全都塞满了。很多年前,我的婆婆有一次与人杠上了,气哼哼地说:"我老公跑供销的时候,都见过用麻袋装钱,你们现在有什么可神气的。"我以为她是吹牛,看了张朝荣的故事才知道是真的,估计那麻袋里也都是十元面值的钞票。

241

早年温州备受争议。除了触动当时的经济制度、模式,小作坊里的产品质量也备受诟病。二十年前我决定来温州时,大学同学抱着我痛哭说:"你这是探春远嫁啊,那个地方的鞋子都只能从清晨走到黄昏的。"我以前不知道啥叫"晨昏鞋",有一天在市区商业发达的公园路买了一双超流行的松糕底敞口鞋,穿着它走到不远的广场路采访时,一只脚上就只剩下了鞋帮。我一瘸一拐拎着鞋底回来找老板娘理论,结果她叽里呱啦用温州话好一通骂,我拎着"小时鞋"落荒而逃。

242

20 世纪 90 年代初,温州生产的假冒伪劣产品全国有名,温州的皮鞋是"晨昏鞋""星期鞋",一些商场纷纷将温州产品下架,"本店无温州鞋"成了商场安民告示。因为乐清柳市产的劣质开关在各地引发生产事故,整顿检查组浩浩荡荡直奔柳市,要对柳市的电器厂进行"关厂、封门、抓人",气势可吓人了。幸亏只是以整改取代封门,这才有了后来的"中国电器之都"。

探究温州假冒伪劣产品的成因,主要是在市场经济的海洋里,率先跃跃欲试的弄潮儿,绝大部分是洗脚上田的农民,他们有强烈的快速致富冲动,可前店后厂的较低生产能力和优质原材料的难以获得,让他们不得不通过制假、制劣来开始资本最初的积累。

243

杭州武林门广场曾因"温州鞋"燃起三把火。1987 年 8 月 8 日,五千多双温州产劣质皮鞋在杭州武林门广场被烧毁。这把火刺痛了所有温州人的神经，是一把"耻辱之火"。温州人痛定思痛，从此开始了第二次创业。1999 年的 12 月 15 日，同样在杭州，著名鞋企奥康集团董事长王振滔带头点火，销毁假冒的奥康皮鞋以及温州产的伪劣皮鞋。这是一把"雪耻之火"，温州皮鞋从此被正名，8 月 8 日后来还成了温州的"诚信日"。2007 年，温州人又在武林广场点燃了第三把火，这次现场没有再烧毁皮鞋，而是举办了一个点火仪式，表达了一种诚信精神和信用建设的决心。

244

"拼命退出富豪榜，拼命挤进纳税榜"，说的是正泰集团董事长南存辉。有钱人不纳税曾经很被人诟病。2002 年，福布斯内地富豪榜排名前五十位的富豪中，仅有四人上了纳税榜，南存辉便是其中之一。当年，他主动向国税部门缴纳半年个人所得税二百七十六万元，成为当时温州乃至全国的诚信经营代表，因此入选了"2002CCTV 中国经济年度人物"。据说后来南存辉还成了税务部门的形象大使。眼下，他是温州消防宣传形象大使，手握灭火器，笑容可掬地站在市区主干道的广告栏上。

245

2011 年温州爆发局部金融危机，真心惨烈，身边不断有老板跑路或跳楼的消息。浮出水面的非法集资案就有一百多起，涉及一百七十多亿元。我的一位朋友，当初把房子拿到银行抵押贷出一百万元，给"有实力的人"拿去"生钱"。起初真让人眼红，月月利息高过工资收入，没两年他就换了一辆新车，天天梦里都笑醒了，嘲笑我吃死工资只能开着奔驰的弟弟——小乐驰，对我让房本白白躺在家里恨铁不成钢。不过，他后来就睡不着觉了，起初是利息没了，再后来本金也要不回来了。待到这个"有实力的人"破产重组，朋友只拿回一点点本金，亏大了。

世人只看到温州人有钱风光，这背后的辛酸劳苦真是一言难尽。不说创业时白天当老板晚上睡地板的辛苦，就金融风波那会儿，因互相担保的多米诺骨牌效应，一些原本经营不错的企业一夜之间债台高筑。

246

早年温州以生产小商品出名，但多是代加工，拥有自主品牌的不多。你身上穿戴的国际名牌，很可能是地道的温州货。不过，与杰尼亚早早公开"温州制造"不同的是，更多的国际大牌企业不愿意打上"温州制造"的烙印，有的会要求代工企业指定车间与员工，完成订单后，纽扣、拉链之类的配件均要回收，避免留下痕迹。所以，与其去国外花大钱买名牌，不如直接选温州本土产的品牌。

现在温州人还在做小商品，但经营理念显然已大大提升。几个温州小伙伴联合打造的日用百货品牌"木槿生活"就是一个极好的案例。从2014年开出第一家门店，不过短短四年，"木槿生活"就成长为一匹

"黑马",产品进入东南亚、北美、中东等地。他们的目标是再用三年,在全球开设三千五百家门店,营业收入达到二十五亿美元。拓店速度令人叹为观止。

247

三十多年前,中国南方的小渔村变身改革开放的前沿阵地——深圳。几年后,温州苍南五个小渔村的农民也鼓足勇气,冲破土地、户籍等体制机制限制,成就了"中国第一农民城"——龙港。两地的区别是,一个是国家层面顶层设计,一个是来自草根的改革创新。

龙港空地上凭空多了三万人,这些刚进城的农民连红灯停绿灯行都不会。当时,镇上一共只有九名公务员,城镇管理成了棘手难题。为了管好这三万人,首任镇党委书记陈定模找来一些人,穿上统一的制服维持秩序。无意中,陈定模成了"中国城管第一人"。

248

改革开放四十多年,温州形成了以民营经济为特色的经济格局,创造了举世瞩目的"温州模式"。现在的"80后""90后"恐怕很难想象当年温州有多"热"。1985年《解放日报》头版头条刊发《乡镇工业看苏南,家庭工业看浙南——温州三十三万人从事家庭工业》的长篇报道后,全国掀起"温州热",温州人走到哪里都受欢迎,被奉为座上宾。

被称作"温州年"的1986年,有超过六十万人到温州参观、学习。

温州市人民政府的办公大院成了停车场,大型长途专车鱼贯出入,一拨拨考察团挤满了会议室、办公室;温州市区大大小小的饭店、旅馆床位爆满,就连走廊、过道、饭厅里也支起了临时铺位。高潮中的高潮——1986年9月至10月,从杭州、宁波到温州的两条公路上交通堵塞,车祸激增。当年底,因参观人数过多,中华人民共和国国务院办公厅下发《关于各地立即停止到温州参观考察的紧急通知》,这样的"待遇"估计没哪个城市有过。

249

"温州模式"概括起来就是"四千"精神——历经千辛万苦,说尽千言万语,走遍千山万水,想尽千方百计。几乎每位温商讲到自己的创业故事时,都离不开这"四千"。温州市区会展路有个世界温州人博物馆,里面有许多企业家捐赠的展品,每件展品背后也都有一段"四千"创业故事。

有媒体说,新生代温商也有"四千精神",叫千方百计提升品牌、千方百计保持市场、千方百计自主创新、千方百计改善管理。跟父辈比起来,"新四千精神"无论是内涵还是格局,都弱了许多,难怪没有叫响。

250

改革开放四十周年的时候,有媒体利用报纸资料,以"温州,请回答1978"的形式,整理了温州在1978年、1988年、1998年、2018年四个时间节点上的面貌,让人恍如隔世,对温州来说,这真是澎湃激荡的四十年啊。

经济学家钟朋荣曾将"温州人精神"概括为四句话:白手起家、艰苦奋斗的创业精神;不等不靠、依靠自己的自主精神;闯荡天下、四海为家的开拓精神;敢于创新、善于创新的创造精神。这也是温州人成为中国商业重要力量的原因!

251

你在冬天吃过西瓜吗?如果吃过,那么你啃的西瓜可能就是温州人种的。每年从元旦到三月底,全国的西瓜基本是由海南供应的。两千多位温商在海南种了几万亩西瓜。他们以个体为单位,每三十多户组成一个合作社,每十个左右的合作社再组成一个联合社。2017年温商在海南种植的西瓜,产值达六亿多元。温州人种瓜都种得这么霸气。

252

外人只道温州老板多数没文化,只知道闷头赚钱。其实温州人特别关注时事新闻,他们深知,政策里有最大的红利。所以,"一带一路""高铁经济"等,他们往往都是最早的布局者。

温州人抢占市场先机的能力有时真是神鬼莫测。有一段时间,朝鲜将进行经济改革的话题备受关注。其实早在2004年,温商曾昌飚就作为中国民营企业家拿到了平壤第一百货大楼的十年经营权,此事轰动一时,受到国内外媒体的关注。曾昌飚因此被请进了中央电视台《新闻会客厅》栏目,对话白岩松。这位"第一个吃螃蟹"的永嘉人在1992年就带着两包纽扣和一百元现金只身闯荡东北,从1997年就开始关注朝鲜市场,多次去考察。

253

外地人很难想象,再怎么不起眼的小物件,入了温州人的眼,就能化腐朽为神奇,做成大产业。最典型的是苍南金乡的"四小商品":铝质徽章、塑片券票、塑膜证册和涤纶商标。简单地说就是各种校徽、纪念章、早年的饭菜票、聘书等。就这些小玩意儿成了一方产业,说它远销海外,很多人将信将疑。

以金乡徽章厂为例,党徽是这里定点生产的。1999年驻澳部队服饰徽章、最高人民法院服饰上代表国家形象的徽章、1999年中国人民解放军世纪大换装的服饰徽章……都是金乡制造!世界杯足球赛、亚运会等盛会纪念章,联合国维和部队以及英国、美国、俄罗斯、日本、沙特阿拉伯等多个国家军警的各式服饰徽章,也是 made in China——金乡徽章厂造。真正是把生意做到了世界各个国家,金乡人自豪地说:"让世界通过徽章了解中国,让企业通过徽章走向世界!"

金乡"四小商品"远销海外

254

　　"请扫这个二维码付款。"吃饭、喝咖啡、逛商场……小小二维码,刷刷真方便。原以为是电脑自动生成的图形符号,其实要经过排版、查重、涂层处理、数码印刷等多道工序,这让温州印刷行业看到了无限商机。据称,每三张口碑点餐码中,就有一张是温州造。2018年"双十一",温州苍南某企业一个月生产的支付宝红包码就接近一千万张,全部运送到阿里巴巴的仓库,再分发到各地。温州因此成了"中国印刷城"。

温州有意思

255

温州有全国首例民营企业家与欧盟"打官司"的,2003 年"CCTV中国经济年度人物"颁给了人称"打火机大王"的温州人黄发静,就是因为他是中华人民共和国成立以来,民营企业家为抵制不公平的国际贸易技术壁垒,而走出国门抗争的第一人。虽然,他只不过是棉纺织厂的学徒工出身。

256

如果说"炒房团""高利贷"是妖魔化温州的词,那么神曲《江南皮革厂倒闭了》就是赤裸裸的黑。2013 年前后,随着这首神曲的吆喝,"黄鹤跑路,员工卖货抵薪"的售假模式一时肆虐各大城市街头。据说商家最早还只是用一两张海报,后来慢慢升级为录音版、配乐版、视频版,甚至有批发假货皮包的商家主动播放这段魔性十足的录音。

无节制的诋毁使温州人怒了,数百名四川温商联手干预,并与布局在全国各地的温州商会共同努力,最终"黄鹤录音"销声匿迹。

257

特朗普当选美国总统后,温商朱玉兴很开心,因为他的"特朗普"品牌红了一把。早在 2008 年,朱玉兴就先后申请注册"特朗普"第 9

类（集成电路、家用控制器等）与第 6 类（阀门、五金器具等）的商标使用权。"那时开关电气产品的品牌都是两个字居多，三个字才刚开始流行，就想取个洋气点的名字。"他觉得"特朗普"好听洋气，有特别晴朗的好寓意，而且他还知道特朗普是一位成功的房地产大亨，"都是做生意的，想向他学习"。特朗普自己从 2005 年起，就在中国陆续申请了几十个商标，涉及酒店、保险、金融、教育等多个行业，估计他做梦也没想到，还有漏子让温州人捡了。

朱玉兴注册的"特朗普"商标

温
州
有
意
思

258

有位外地人总结自己在温州多年的观察结果,说:"温州是一块神奇的土地,'制造'了'温州人'这个特殊的文化符号。"温州人的个性不是平面几何,是立体的,是多面的。比如,首先,温州人有强烈的自恋情结,在餐桌上都会说,走遍世界各地,温州的海鲜最好吃。其次,温州人又非常好学,乐学又善学,尤其是模仿式学习。以前温州人"白天当老板,晚上睡地板",后来是"白天当老板,晚上看黑板、看传真、看电脑",即使是欧美最新的鞋服产品,温州人也只需要通过传真来的图片,就能在几天里仿做出来。温州人都想当"鸡头",遍地是老板。再次,温州人又非常能合作,极端抱团。最后,温州人很会数学,也很会文学。温州盛产数学家,又是山水诗和南戏发祥地,数学"一加一等于二"的逻辑思维和文学"一加一不等于二"的形象思维在温州人身上呈现出最巧妙的结合。

正是这种种特点的神奇融合,让温州成为这么有意思的地方。